Antes Tarde
do que Sempre

Antes tarde do que sempre

Bertoldo Gontijo

1ª edição

Editora Draco

São Paulo
2010

Bertoldo Gontijo

É um novo escritor brasileiro nascido em 1968, tatuado e apaixonado pela cultura *rock*. Trabalha em seu estúdio de *design*, é guitarrista de uma banda em São Paulo e também redator *freelancer*. Segue escrevendo, tocando guitarra e curtindo o seu filho, que também já é fã dos Beatles e dos Rolling Stones.

Edição: Erick Santos Cardoso
Produção editorial: Janaina Chervezan
Leitura Crítica: Rober Pinheiro
Revisão: Eric Novello
Ilustração de capa: Ericksama

Dados Internacionais de Catalogação na Publicação (CIP)
Silvia Marques CRB-8/7377

G 641

Gontijo, Bertoldo
Antes tarde do que sempre./ Bertoldo Gontijo, autor;
São Paulo : Editora Draco, 2010.

ISBN 978-85-62942-15-0

1. Romance brasileiro I. Título.

CDD-869.93

Índices para catálogo sistemático:
1. Ficção : Literatura brasileira 869.93

1ª edição, 2010

Editora Draco
R. Carlos Honório, 190 - 13
Jd. Esther Yolanda - São Paulo - SP
CEP 05372-070
draco@editoradraco.com
www.editoradraco.com
Twitter: @editoradraco

Antes Tarde do que Sempre

Agradeço a Deus,
à minha mãe Marina
por suas promessas e
à minha esposa Patrícia.

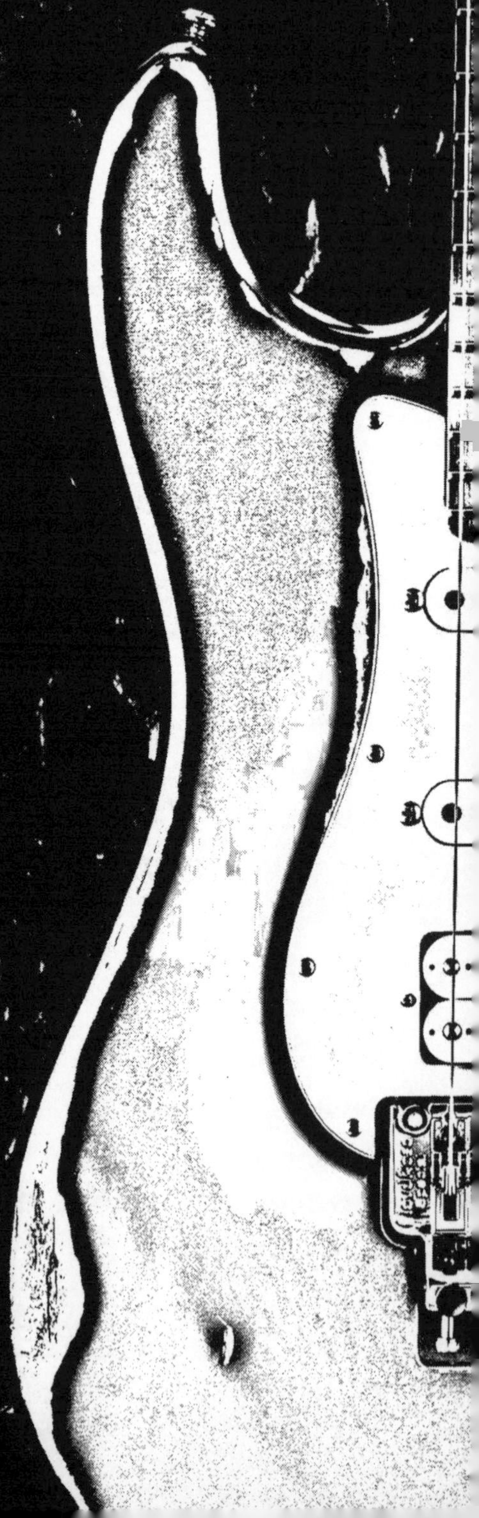

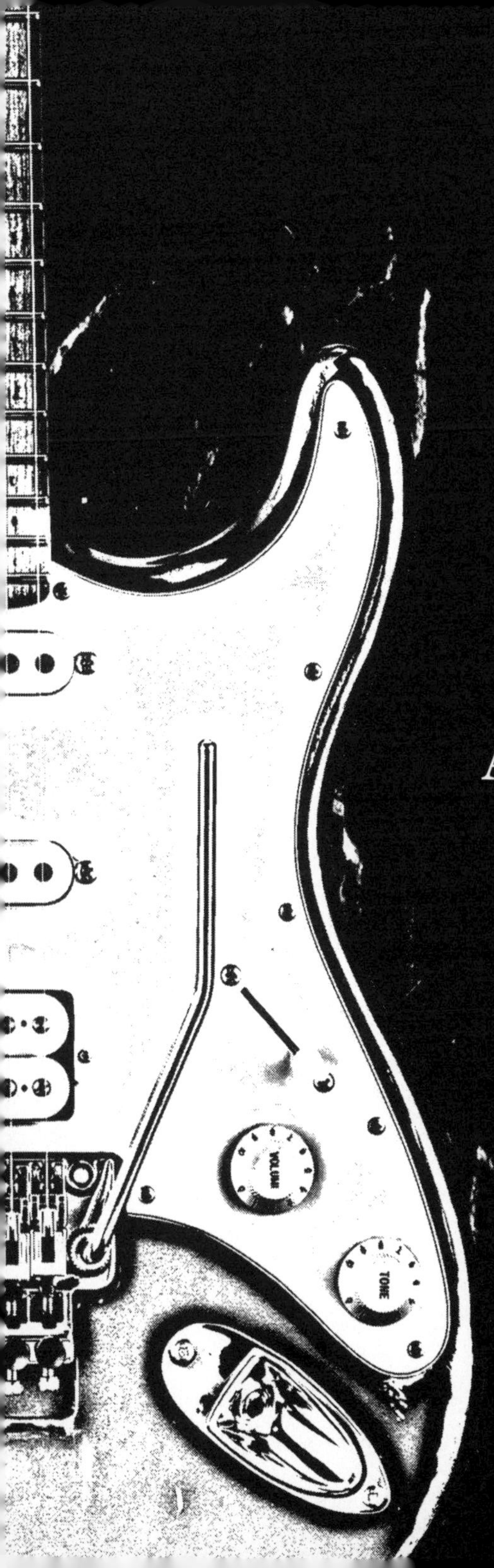

Antes tarde do que sempre

Capítulo 1

SENTI A CABEÇA desconfortável, levei a mão à nuca. Uma dor aguda e meu cabelo molhado. Abri os olhos e percebi os meus dedos vermelhos de sangue, mesmo sob a pouca luz do ambiente. Tentei me levantar, bambeei e antes de meter a fuça no chão fui amparado. Notei que havia uma porrada de gente ao meu redor. Eu estava completamente confuso, comecei a ficar apavorado. Todos falavam ao mesmo tempo, mas eu não entendia nada. Tentei gritar mas não consegui botar as palavras pra fora.

Alguém levou até minha boca um copo d'água , mas quando comecei a beber alguém me impediu dizendo que podia ser perigoso, que eu podia engasgar. Fui carregado até uma superfície mais alta, onde me colocaram deitado. Estava tudo rodando, parecia que eu estava bêbado. Certeza, eu estava mais bêbado que um gambá. Não reconheci o lugar. Saquei luzes coloridas no teto, direcionadas bem para o lugar onde eu estava. Olhei para o lado contrário ao das pessoas que se amontoavam e dei de cara com equipamentos de som e instrumentos musicais. Ao fundo dessa zona destacava-se um *banner* que exibia a ilustração de uma máscara de proteção contra gases venenosos. Logo abaixo o nome AGROTÓXICO em letras vermelhas.

Uma voz me parecia familiar. Achei que ela vinha de longe, mas olhei pra cima e dei de cara com o Júnior, gritando comigo.

– Aldo, Aldo! Sou eu, cara. Tá me ouvindo?

– Cara, ondch eu tô? Qui zona é esssss? Minha cabeça tá doendu pracarááááá!

– Putaqueopariu! Tá vivo, filho da puta!? Cala a boca e fica deitado aí. Depois eu te conto, fica frio que a ambulância tá vindo.

Logo depois eu apaguei. Além desses minutos que descrevi, só me lembro de ter saído com o Júnior para assistir ao show da banda *punk rock* Agrotóxico. O que aconteceu depois eu só fiquei sabendo por que me contaram. Eu havia me metido no meio de uma briga que o Júnior começou por ter chamado a garota de alguém de "delícia". Essa é a versão dele, duvido que o namorado dela tenha contado a mesma história. Bom... acabei tomando uma garrafada que me custou dez pontos na cabeça, uma viagem de ambulância e um domingo de molho, em casa. E aquele sábado tinha nascido como qualquer outro...

Os primeiros raios de sol tentavam timidamente atravessar o tecido das cortinas da janela da sala, tornando a bagunça caótica quase bonita. Sombras pálidas escorriam dos objetos e se espalhavam pelo chão, fazendo das pilhas de discos de vinil arranha-céus de erros numa metrópole decadente. Tenho muita dificuldade para pegar no sono e às vezes acho que isso me faz ser diferente, ou idiota mesmo. Eu percebo a minha insônia bem antes de me deitar na cama. Ela vai se instalando no meu corpo e mente ao longo do dia, furtiva, espreitando e medindo meu humor, anotando as minhas preocupações, observando todos os meus movimentos para então, à noite, usar tudo contra mim. Quando me dou conta, já é dia.

Eu estava mais uma vez amanhecendo sentado no meu sofá de couro marrom, usando meu velho *jogging* cinza estampado com a frase *San Diego, California - Sunny Days.*

Eu nunca fui pra Califórnia. Esse *jogging* foi presente de sei lá quem, não me lembro. Na verdade eu nunca saí do Brasil, nunca tive curiosidade de turista. Pra mim, aquela ansiedade por conhecer lugares e culturas diferentes não faz sentido. A rara exceção é quando pego alguma estrada que me leva ao mar. Adoro o mar. Por algum motivo, quando vejo o mar me sinto bem.

Porém, minhas melhores viagens são feitas no mundo da música, sem sair do meu apartamento, visitando principalmente países sob o regime democrático do *rock*, *punk*, *blues* e pra variar, de vez em quando, do *jazz*.

Eu mal conheço a cidade onde moro, São Paulo, e nem sei o nome dos meus vizinhos. Sou apenas "mais um" cercado por "mais uns" aqui neste condomínio comum, no terceiro e último andar do prédio 2, no meio da Aclimação.

Seis horas da manhã e eu assistia na TV, pela décima vez, *Manhattan* do Woody Allen. Rolava também um vinil do Freddy King – *Burglar* – que eu acompanhava com a minha guitarra desplugada. Não é raro eu fazer diversas coisas ao mesmo tempo, principalmente quando estou entediado.

Lá estava eu, mais uma vez, sentindo a manhã fria e vazia, cansado, perdido, pensando, enquanto fazia nada fazendo tudo isso. Patético.

Acabei dormindo sem perceber, exausto.

Em dado momento no meu sonho eu tocava guitarra, mas o som que vinha do amplificador parecia uma campainha de telefone celular. Acordei. Atendi.

– Alô.

– Fala cara, beleza?

– Fala Júnior, beleza.

– Puta voz de locutor de rádio. Tava dormindo, vagabundo? Já são três horas da tarde, porra!

– Já?! Caralho! Tive insônia. Mas fala aí. Que rola?

– Então, hoje tem show do Agrotóxico lá no centro. Tá a fim?

– Vamo lá. Vai levar mulher?

– Não. Passa aqui pra me pegar umas dez horas.

– Melhor você passar aqui. Meu carro anda meio temperamental.

– Porra, joga essa merda no lixo. Tá, passo aí, então. Vê se fica pronto na hora, hein, ô noiva!

– Tá. E noiva é o seu cu, antes que eu me esqueça.

Depois aconteceu o que aconteceu. Não sei se foi a garrafada na cabeça, mas o fato é que em casa, me recuperando, sem porra nenhuma pra fazer, minha cabeça se encheu de minhocas. Minha mãe sempre dizia que "cabeça vazia é oficina do diabo".

Bem... minha oficina estava lotadaça. "Como cheguei aos meus trinta e três anos nesta condição?". Sábado à noite, *show* de *punk*, encher a cara com o Júnior. Será que não estou velho pra isso?

Me senti um pouco irritado e sufocado. Fui até o quarto, abri as janelas que davam para o jardim e me debrucei no parapeito, buscando ar fresco.

Voltei para a sala, deitei no sofá e comecei a pensar em sexo para tentar melhorar o meu humor. Isso sempre funciona.

Foi então que começaram a surgir nos meus devaneios imagens de umas garotas com quem eu havia transado há tempo demais pra lembrar seus nomes, mas não o suficiente para esquecer suas bundas. Pessoas que eu não via há mais de quinze anos tomaram a minha mente como personagens de um filme. Quando me dei conta, todo o meu passado estava sendo projetado na tela branca do meu presente. Pensei que fosse apenas uma continuação daqueles pensamentos inúteis, mas logo se tornaram bem interessantes e até divertidos. Afinal, eu não havia vivido uma história completamente idiota.

"Será que aquela minha vida, que só eu sabia por inteiro, tinha algo a me dizer?"

Cada vida só está registrada dentro da cabeça do seu próprio protagonista, porque a verdade nada mais é que a interpretação momentânea de quem viveu e não a simples compilação dos fatos vividos. Eu penso que toda vez que alguém muda de opinião a respeito de algo relevante ou repensa um conceito antigo, muda de fato toda a história da sua vida. A nova interpretação altera a percepção do passado e os planos para o futuro. Gosto de acreditar neste conceito. É renovador.

Fiquei um pouco confuso. Tentei me concentrar, racionalizar aqueles pensamentos fragmentados, mas não consegui. Resolvi fazer um café forte, apesar da preguiça. Pensei que talvez assim, cafeinado, meu cérebro pudesse me ajudar mais.

Caminhei até a cozinha, arrastando as meias no chão frio e, como sempre, meti o dedão do pé na quina do degrau que separa a cozinha da sala. Abri a geladeira gritando um palavrão pra porra do degrau e fiquei olhando lá pra dentro sem ver nada. Esqueci o que eu estava fazendo ali, parado, segurando o dedo do pé, olhando fixamente um teco de queijo velho. Fechei. Voltei para a sala. Eu precisava ouvir alguma música bacana pra relaxar.

Botei pra rolar *All Things Must Pass* do George Harrisson. Fiquei triste. Eu nem tinha um motivo bom o suficiente para me sentir triste, infelizmente, pois seria bom ter alguém por quem chorar. É que algumas canções têm o poder de mudar o pensamento da gente, ou, mais que isso, mudar o dia, ou mais que isso ainda, mudar uma opinião sobre algo, mudando assim toda uma vida.

Lembrei do café. Voltei à cozinha, desta vez atento à porra do degrau. Abri a geladeira novamente e peguei o pote plástico, quase vazio. (Dizem que guardar o café na geladeira ajuda a conservar o sabor. Faz sentido). O telefone tocou, mas eu não atendi. Liguei a cafeteira. Logo o cheiro gostoso invadiu a cozinha, encheu meus pulmões e inebriou meu cérebro de amendoim, (que virou paçoca depois que queimei a ponta de um baseado amanhecido que achei no cinzeiro). Aquele cheiro de café tinha me acompanhado a vida inteira e agora estava me dando linha para eu pescar mais pensamentos. Me deixei levar pelas ondas da música.

Com ajuda da trilha sonora, da erva e do café, aqueles pensamentos ficaram mais claros, com nuances diferentes, cores separadas, como se tivessem atravessado um prisma. Não era só a minha mente que estava atribulada, era também a minha alma.

Numa epifania, eu entendi tudo.

Em pé na cozinha, levando à boca uma xícara de café, eu finalmente descobri o motivo da minha insônia e do meu desconforto: eu era infeliz e não sabia.

Capítulo 2

ELA ERA LINDA! Seus cabelos negros e lisos que caíam sobre os ombros pequenos escondiam quase metade do seu sorriso. Júlia era capaz de fazer brotar saliva na boca de qualquer um que tivesse a sorte de vê-la bem de perto. Dona de um rosto adolescente de porcelana. Na sala de aula, sentada em uma das cadeiras da primeira fila, sempre fitava o professor com seus olhos brilhantes, enquanto suas coxas deslizavam para fora da minissaia azul-marinho.

Nossa sala de aula era típica. Uns trinta alunos divididos basicamente em quatro departamentos subjetivos: meninos otários, meninos maus, meninas “espertas” e meninas boazinhas. Eu fazia parte dos meninos otários e Júlia das meninas boazinhas. Era perfeito. Menino otário + menina boazinha = felizes para sempre! Ela era minha namorada, embora ainda não soubesse disso. Era o motivo principal de eu aguentar a rotina escolar. Um copo d’água gelada num deserto.

Fiquei assim, feliz, por muito tempo, amando platonicamente, trocando olhares e, às vezes, até sorrisos tímidos.

Ela me apresentou à insônia. Eu passava madrugadas pensando em planos para me aproximar dela, roubar um beijo, sentir seu hálito de perto uma vez que fosse. Mas a coragem me faltava na hora “H”, minha autoconfiança se desfazia como areia e escorria por meus dedos enquanto meus passos me levavam em direção a ela. Isso foi muito bom, apesar da angústia que me causava. Era bom sentir aquele frio na barriga, aquela felicidade a cada olhar mais demorado.

Tudo muito romântico até que, de repente, acabou. Num belo dia, ela provavelmente cansou de me ver tremer e começou a namorar o cara mais filho da puta da classe. Assim mesmo. Sem mais nem menos. Eu nem tinha percebido que rolava um clima entre eles. Que imbecil!

Definindo "o cara filho da puta" na minha cabeça: ele não respeitava ninguém, só tinha notas ruins, era esperto demais pro meu gosto, tinha roubado a minha pseudonamorada e, pior, não dava a mínima pra isso, nem para os meus sentimentos. Enfim, era um cara normal mesmo.

Eu invejei esse cara nesse dia e, depois de algum tempo, a inveja se transformou em admiração. Mas isso veio depois. Até então eu nunca imaginaria esse cara chamando uma ambulância pra me salvar de uma garrafada num show de *punk*.

Paulo dos Santos Junqueira Jr., ou simplesmente Júnior, era um garoto de dezesseis anos, um ano mais velho e alguns centímetros mais baixo do que eu. Sempre usava calça *jeans* Levi's surrada, com um cinto de couro largo e camiseta com logotipos de carros *hot rods*. Os cabelos louros descuidados, lisos e longos, marcavam muito o seu visual. Nunca tirava dos pés um indefectível par de tênis All Star muito velho, branco e sujo pra cacete. Mas o que fazia dele um cara bacana era a sua invejável atitude "que se foda o mundo".

Percebi com o tempo que não era só a Júlia que estava louca pra dar pra ele, mas também a maioria das meninas da classe.

Percebi também, com o tempo, processando pensamentos idiotas em meus dois neurônios, que o destino tratava mal quem era bonzinho demais, certinho demais, sorrisos demais, inocente demais. Saquei também que, além de ser desse tipo "muito demais", eu também me fodia bastante porque tinha ainda como agravante o fato de nunca me dar bem em nenhum esporte. Foi um choque concluir que eu era mesmo um otário, pois desde o tempo das fraldas eu aprendi que ser legal era, de alguma forma, ser quem eu era. E eu era o que todos queriam que eu fosse, eu achava que ser assim faria a calcinha da Júlia ficar molhada. Parecer responsável, respeitar os mais velhos, pentear o cabelo, vestir-se alinhado, lamber as botas dos professores arrogantes, tirar boas notas... Ninguém me avisou que isso era ser o trouxa da turma. Principalmente quando se estuda numa escola pública, um mundo onde falar o português correto é ser fresco. Onde estudar para as provas é ser um mané. Eu, um garoto gente boa, tranquilo, um inocente e inútil adolescente, percebi já tarde que não teria a mínima chance no mundo de verdade. Ou, pelo menos, naquele mundo em que eu vivia, que era o que interessava.

Um dia, pensando em tudo isso que estava acontecendo, ao lado da minha *bike*, sentado na calçada da rua, fiquei puto comigo. Eu estava inconformado por ter perdido a Júlia assim tão fácil, tê-la entregado tão resignadamente ao *punk* de butique filho da puta. Me senti um bosta. Eu estava sentindo muita raiva. Ser um bosta. Que raiva. Que bosta.

O sol ainda estava baixo e anunciava que, se eu quisesse, aquele dia podia ser diferente. Aquela sensação inocente de "o 1º dia do resto da minha vida". Conclui que, se eu não tomasse uma atitude rapidamente, teria que amargar as consequências no futuro, o que não estava me deixando nada confortável. Passar o resto da minha vida perdendo namoradas para os outros por ser uma besta conformada, não dava. Estava mais do que na hora de virar a mesa.

Decidi que eu não seria mais o Aldinho, aquele palerma bonzinho. Ou, se fosse para ser palerma, ao menos o "bonzinho" teria que cair fora dos adjetivos a mim relacionados. Eu queria chorar de raiva, mas cerrei os dentes e engoli em seco. Em silêncio, fiz uma prece para que Deus (meus pais eram religiosos e me ensinaram isso) me ajudasse na cruzada contra essa coisa toda que me deixava por baixo.

Parece que imediatamente fui ouvido.

Meu vizinho Douglas, outro menino da espécie dos bonzinhos, pegou a minha bicicleta sem pedir e saiu pedalando. Foi a gota que faltava para transbordar o meu copo. Levantei furioso e corri atrás dele. Um segundo antes de alcançá-lo, tive medo do que eu seria capaz de fazer. Segurei meu amigo assustado pela camiseta que se rasgou e acertei a sua grande cabeça com meu punho fechado. A bicicleta tombou jogando os dois no chão. Subi nele e bati de novo, uma vez, duas, três, mais, até que o sangue começou a escorrer dos nós dos meus dedos e da sua boca aberta.

– Essa *bike* é minha, seu filho da puta! Minha! Minha! Filho da puta!

Ele cravou as unhas nos meus pulsos me fazendo parar e tentou dizer algo que não lhe saiu pela garganta. Isso me deu medo e, por um segundo, afrouxei a mão. Livrando-se de mim com um movimento rápido, ele correu. Foi a última vez na vida que falei com ele.

Logo eu estava me sentindo monstruoso, mas não arrependido. A adrenalina estava explodindo a minha cabeça. O Douglas tinha catalisado uma mistura dentro de mim. Um simples ato inocente tornou-se a nascente do sinuoso rio que seria a minha personalidade.

Voltei para casa conduzindo a BMX ao meu lado, pois me faltavam forças para pedalar. Meu coração parecia que ia sair pela boca. Logo no portão da frente, vi minha mãe segurando meus cadernos, amarrados com um elástico.

– Aldo, menino, você vai se atrasar! O que aconteceu com a sua mão?

– Nada não, mãe. Só cai da bicicleta.

Era dia de educação física, atividade que ocorria na parte da manhã, antes da aula, e que eu detestava com toda a minha alma.

– Esqueci que hoje tem aquela bosta de aula!

– Menino! Olha a boca!

A caminho da escola, ainda ofegante, e embasbacado com o meu próprio espetáculo de fúria contra o Douglas, mais uma vez comecei a pensar, e pela primeira vez, friamente, aplicando um método quase matemático ao meu raciocínio.

"Acesso de fúria resultaria sempre em respeito? Ao menos, deve assustar. Não fosse assim, Douglas, que era um tanto maior e um tanto mais velho do que eu, não teria corrido pra dentro de casa, apavorado. Será que é preciso tudo isso para conseguir algo tão simples quanto respeito?"

Sinceramente, eu não tinha sentido prazer naquilo e pensei que aquela atitude talvez não me levasse a nada. Amigos em troca de garotas talvez não fosse uma boa barganha. O Douglas não merecia aquela atitude porca, mas estava feito. "Se Júlia ao menos tivesse presenciado a cena, talvez eu tivesse ganhado alguns pontos. Talvez".

Comecei a procurar nas lacunas da minha depressão pós-porrada algo que justificasse aquela violência gratuita, algo mais eficiente para mostrar minha rebeldia para a escola, minha insatisfação para os meus pais, meu pinto para alguma garota.

Na entrada da escola, vi a Júlia conversando com umas amigas e, diferente do que eu costumava fazer, passei direto sem dizer oi. Eu a culpava indiretamente pela boca ensanguentada do Douglas.

Infelizmente, era dia de futebol e isso acabava naquela bosta de *ranking* filho da puta: quanto mais tarde você é escolhido, mais perna-de-pau você é na opinião dos colegas (e isso ficava claro para a escola inteira). Um método bem eficiente para fazer neguinho odiar esporte. Todo mundo passa por isso e alguns, como eu, claro, sabem como é ser sempre o último escolhido. Mas nunca culpei os alunos por isso, apesar da humilhação, pois eu realmente era um desastre com a bola no pé. O professor, por outro lado, era muito idiota para perceber que isso é foda e que me incomodava profundamente. Dessa vez eu disse que não iria jogar e que o motivo era "nenhum", apesar disso me custar um ponto negativo na minha nota mensal. Ignorando o falatório e a resistência do professor cretino em me liberar, saí caminhando e me fazendo de surdo. Foi uma delícia ignorar uma autoridade pela primeira vez.

Estava um clima animado no pátio da escola. Era uma sexta-feira. Sentei na escadaria de concreto que ligava o prédio ao pátio externo. Minha mente ainda estava estranha.

Desde muito pequeno eu tinha a incrível habilidade de passar horas sem pensar em nada, mas não um pensar em nada meditando: era um pensar em nada vazio, sem propósito ou objetivo. Tipo um transe. Era o que eu estava fazendo quando vi o Júnior, o namorado da Júlia, subindo a escadaria em minha direção. Ele havia sido expulso do jogo (depois de um tempo, eu fiquei sabendo que alguns garotos fizeram um comentário idiota ao meu respeito e da Júlia. Não sei exatamente o que falaram, mas foi o suficiente para ele quase quebrar a perna de um deles no primeiro lance). Ele nunca havia falado nada que prestasse comigo, apenas piadas idiotas pra fazer as meninas rirem às minhas custas.

Mas nesse dia as coisas estavam estranhas pra cacete e podia acontecer qualquer coisa.

Quando ele parou na minha frente, gelei. Só podia ser encrenca. A cabeça dele estava eclipsando o sol laranja. Projetando sua sombra sobre mim, ele abriu a mochila e, numa atitude de caridade com o tonto que não jogava futebol, me ofereceu um disco de vinil. Na capa a foto de uma mesa de escola primária meio esverdeada, meio amarelada, rabiscada e velha.

"Que porra é essa?", pensei.

– Que é isso? – falei.

– Moleque, ouve isso bem alto. Acho que, se você não for uma florzinha, você pode gostar. Cuidado pra não riscar. Te mato.

"Isso pode ser uma piada para me desmoralizar", pensei. "Preciso dizer algo inteligente."

– Tá. Mas, por que tá fazendo isso?

– Quer ou não quer, caralho!?

– Quero, beleza.

– Então, não embaça e pega essa merda logo, pô.

Ele só queria dar um jeito no seu sentimento de culpa. Ele sabia disso tanto quanto eu. Acho que ele tinha notado que eu estava meio abalado por causa da Júlia. E eu, em vez de meter a mão na cara dele, que era o que eu queria, mas faltava coragem, aceitei o presente.

"Um coitado recebendo migalhas do manda-chuva. Puta que me pariu, como sou lerdo."

Um minuto depois me arrependi por não ter mandado ele tomar no cu, mas era tarde demais.

Já era quase hora de iniciarmos as aulas de classe e aproveitei para entrar antes de todos e, sentado no mesmo lugar de sempre, fiquei admirando aquela migalha, o álbum de capa dupla, por um bom tempo. Li interessado as letras em inglês que eu não entendia, imaginei os *shows* onde foram tiradas aquelas fotos incríveis. Apreciei cada detalhe da arte gráfica. O rótulo do vinil, envolvido por um filme plástico transparente, tinha um logotipo conhecido. Eu já o tinha visto na TV, no desenho do Pernalonga. Warner Bros. Aquilo me interessou muito. Fiquei absurdamente curioso para saber que som sairia daquele vinil estranhamente lindo.

"O que uma empresa como a que fazia o Pernalonga colocaria num disco de *rock*?".

Até então, meus únicos vinis eram os de histórias infantis, abandonados há muito tempo.

– Menino, o que é isso? Pegue seu caderno já e guarda essa porcaria senão te mando pra fora! – gritou a professora de português.

Não pensei duas vezes. Peguei meus cadernos e saí em

silêncio. Eu não podia esperar mais para escutar aquele disco enigmático. Nenhum bedel por perto. Pulei o muro.

O caminho da escola para casa nunca foi tão longo. Eu contava cada passo, minha cabeça parecia estar a metros de distância dos meus pés, como numa ilustração do Crumb.

Comecei a correr.

Abri a porta de casa rapidamente, atravessei a sala sem responder o "já?" da minha mãe, arremessei meus cadernos na cama do meu quarto e bati a porta atrás de mim. Montei rapidamente o som portátil Crown do meu pai, onde ele costumava botar Ray Conniff e eu, quando criança, meus vinis compactos coloridos. Era um estéreo daqueles que se transformam em uma maleta. Coloquei os fones de ouvido. A bolacha começou a rodar. Aumentei o volume no talo e então fui apresentado ao *rock'n'roll* pelo *performer*, vocalista e maluco Alice Cooper. Aquela voz rouca, aquele som barulhento, aquilo tudo era o próprio coisa-ruim abrindo as portas do inferno.

Well, we got no choice
All the girls and boys
Makin' all that noise
'Cause they found new toy...
...School's out for ever.

Aquilo soava incrivelmente rebelde, nervoso, mau, alinhado com meu momento pós *Vila Sésamo*. Aqueles acordes poderosos já faziam efeito em mim. Eu estava me sentindo instantaneamente catapultado a uma casta superior. A casta dos que sabiam que a música, o *rock'n'roll*, podia proporcionar um prazer incrível, uma viagem além do óbvio.

Meu cérebro derreteu de tanto bem-estar enquanto eu gritava por dentro, mudo, com minha boca cheia de dentes. Fiquei ali, deitado, atravessando repetidamente aquele portal para outra dimensão.

Fiquei escutando o disco sem parar até que uma lembrança me fez sair do transe.

Há alguns anos a minha mãe ganhara uma guitarra. Eu não tinha uma mãe guitarrista, não. Foi ironia do destino mesmo. Ela queria apenas tocar nas missas. A igreja era grande, o violão dela não era amplificado, era seu aniversário, meu pai viu um anúncio no jornal e...

A guitarra nunca chegou a ser usada. Minha mãe achou inadequada.

Na época, com uns sete ou oito anos de idade eu não dei importância, mas agora, aquilo era o Santo Graal e estava ao alcance das minhas mãos. Ela tinha sido adquirida com um amplificador. Era tudo o que eu precisava. Tudo o que eu queria, agora, era isso.

Procurei embaixo da cama dos meus pais, onde talvez estivesse o objeto desejado. Tateei no escuro e encontrei uma alça que puxei, trazendo à luz um *case* preto, curvilíneo, empoeirado. Abri desesperadamente rápido aquele estojo e, como se eu estivesse esperando a vida toda por aquele momento, empunhei o instrumento e me senti um super-herói. Era uma linda guitarra ruim. Seu formato, como soube mais tarde, lembrava uma *Fender Mustang*. Um corpo feminino, de onde se projetava um pescoço muito longo, ornamentado com cordas de aço enferrujadas. Era sensual, colorida com uma tradicional cor *sunburst* (preta nas bordas, descendo para os vermelhos e finalmente amarela no centro). Ajustava-se perfeitamente ao meu corpo e às minhas pretensões. A sensação de segurar aquele instrumento foi quase sexual, pelo menos o que significava "sexual" para mim, alguém tão virgem quanto uma criança. Daí até eu aprender a tocar foi questão de alguns meses de muita dedicação.

Júnior e dona Carmem tinham-se unido, sem saber, para me induzir a ser um guitarrista. Talvez, a coisa mais constante da minha vida.

Capítulo 3

"COMO VAI SER meu dia hoje? Eu sei que será como qualquer outro: previsível, monótono e, se eu tiver bastante sorte, estarei chapado. Vida de passarinho."

Tomei um banho bem demorado, mandando a consciência ecológica pras picas. Fiz a barba embaixo do chuveiro sem culpa e coloquei a roupa básica de trabalho: *jeans*, tênis e uma camiseta Hering preta. Conferi o curativo na cabeça e estava o.k. O ferimento já estava quase curado desde que tirei os pontos. Peguei uma das minhas guitarras, uma *Gibson Les Paul*, e toquei diversas vezes uma composição que fiz na semana anterior, até perceber que eu estava um pouco atrasado. Não. Atrasado pra caralho.

Era uma sexta-feira e a quantidade de trabalho que me esperava no escritório era gigante. Larguei tudo na hora, peguei a bagagem e saí voando pela porta. Ainda bem que as minhas malas já estavam prontas. Joguei tudo dentro do carro.

Eu estava ansioso para pegar a estrada para Parati. Um luxo que eu me permitia raras vezes. Seria bom para organizar os pensamentos e relaxar um pouco a minha cabeça gorda.

Meu carro não era como aqueles do Foose, que aparecem nos programas do Discovery Turbo, mas também era *cool*. Um Maverick V8 preto, antigo, bem cuidado. Cara de mau. Precisava de uma revisão mecânica urgente, admito, mas, ainda assim, conservava aquele ar "*rock'n'roll* anos setenta".

Acelerei fundo até encontrar a porra do primeiro engarrafamento do dia a duzentos metros da porta da minha garagem, que durou até chegar à garagem da agência no Itaim, quase uma interminável hora depois.

Eu sabia que o elevador demoraria uma eternidade, isso acontecia sempre. Cada minuto de atraso significava aproximadamente mais 5 segundos de espera.

Elevador filhadaputa!

Curioso como essas conexões improváveis da vida fazem um puta sentido, para mim. Mesmo assim, não pensei seriamente em subir os quatro lances da escadaria, só fingi para mim mesmo que pensei. Mas valeu a pena esperar. Assim notei, à entrada do edifício, uma loira deslumbrante e peituda, meio perua, apressada, trotando em seus saltos agulha altos-pracacete. Segurei a porta, enquanto ela entrava no elevador ao som do tradicional *piiiiiiiiii*. O corpo dela parecia que tinha sido moldado para ficar de quatro. Em pé parecia em uma posição antinatural.

Uma vez aconteceu uma coisa excitante comigo no elevador e, desde então, passar alguns minutos fechado num deles com qualquer mulher bonita tornou-se inspirador. E inspiração eu nunca rejeito.

Deixei a porta abrir no meu andar, mas não desci. Acompanhei a minha musa instantânea até o décimo terceiro, disse bom-dia e, então, eu estava pronto para descer até o quarto andar e encarar a recepcionista antipática da agência. Essa nasceu pra ficar em pé mesmo.

– Diiiia.

Em resposta, voz estridente. Sotaque indecifrável para mim. Algo carioca com temperos do interior paulista e gírias nordestinas. Sei lá que porra.

– Oooooi, Aldo! A Júlia qué falá com você. Ligou ontem depoix que você saiu. Perrrguntou se o texto do *site* dela tá pronto e pediu pra você ligá pra ela urgente. Falei que eu ia estar te avisando. Não deixou recado na sua caixa poxtal. Meia issstressadinha ela, né?

– Tá. Mas é meio.

– Hã?

– MEIO ESTRESSADA. Meia estressada não existe a não ser que partes da sua vestimenta estejam adquirindo personalidade.

– Aldo, seu doido, não entendi nada do que você tá falando. O que é que tem a minha roupa com isso? Você achou bacana?

– Pracaralho, Lúcia. Pracaralho.

"Vou ligar porra nenhuma", pensei.

Fui direto pra frente do computador verificar a agenda. Estava lotada:

Pra hoje:

1. *Flyer* promocional da clínica de estética íntima *Premiére*;
2. Anúncio para o canil de pugs;
3. Kit patrocínio do espetáculo "A vida sem rumo";
4. Iniciar *site* da Júlia.

Redator publicitário é uma profissão sem glamour nenhum. Sentar a bunda na cadeira e despejar mentiras, basicamente.

A página do Word estava à espera de palavras atraentes para consumistas ávidos por serem enganados. O dinheiro e a mentira sempre estão presentes nesse tipo de trabalho. O humor só vinha no contracheque ou em pensamentos idiotas incontroláveis. Nunca em letras impressas:

Sua xoxota parece a cara de um Pug? Por isso sua vida está sem rumo. Venha para a nossa clínica e deixe-a como a da Júlia — um espetáculo!

Resolvi todo o trabalho em uma frase!

Incrivelmente, eu tinha topado com a Júlia, por acaso, depois de quase quinze anos, em uma reunião de *briefing* para a merda desse *site* que ela queria fazer. Ela havia se tornado uma *designer* de móveis de relativo sucesso nas rodas dos endinheirados colunáveis, mas, segundo palavras dela, ainda tinha um sonho: "Levar beleza e conforto para o povo". Pra isso ela queria o *site*. Pra tentar vender projetos para grandes fábricas e assim tornar o trabalho dela mais acessível.

Acho que todo *designer* metido tem de dizer isso. Balela da grossa. O item mais barato a ser colocado no *site* era uma cadeira que custaria o preço do meu violão *folk* caso fosse produzida. Isto é mais ou menos "os olhos da cara mais o fiofó da bunda", entendeu?

Design de móveis e bom preço é absurdo demais pra mim! Ela também sempre foi uma garota de frases feitas, mas isso não depõe contra, afinal existem ótimas ideias enlatadas. De qualquer maneira, não está sendo tão bacana tê-la por perto. Não curto fantasmas do passado me assombrando aqui na agência. No trabalho preciso ser "não eu", senão fica impossível.

Provavelmente esse reencontro foi o gatilho que disparou meu saudosismo naquela noite maluca. Aqueles pensamentos... naquela madrugada estranha que passei semanas atrás.

"Claro, foi isso. Genial! Satisfeito? Ótimo! Agora, cala a porra da boca e escreve essa bagaça!"

Eu tinha orgulho da rapidez com que eu fazia aparecer frases na tela, mesmo que elas nem sempre, ou quase nunca, fossem geniais.

Tec, tec, tec, tec, tec, tec

Estética Premiére - A primeira vez não precisa ser única...

Espanquei o teclado sem parar, por horas, até a vontade de fumar um cigarro tomar conta de todos os meus pensamentos.

"Chega. Fumar agora!"

Fui até a janela do *hall* dos elevadores, a jaulinha dos coitados fumantes de merda, satisfazer a necessidade fisiológica cancerígena.

Maldita hora em que resolvi começar a fumar. Que burrada. A grande maioria dos cigarros que um fumante manda pra cabeça são apenas para aplacar a vontade de nicotina, um lance quase sem prazer. Mas, às vezes, o cigarro é uma ilha de êxtase que faz valer a pena o risco. Esse foi um desses. Bom pra cacete.

Olhando pela janela, vi, além do telhado no qual eu jogava as minhas bitucas, um cachorro sendo guiado por um mendigo barbudo. De longe, a cena era quase poética.

O que um cão não faria para ter um lar? O que um homem não dividiria para ter boa companhia?

Voltei para a mesa pensando naquilo. Minha vida estava mais ou menos como a dele, o barbudo, só que sem o cachorro. Eu vivia pedindo esmolas para as pessoas que me contratavam para escrever e, no momento, companhia era uma coisa que não fazia parte da minha rotina. Talvez fosse legal eu arrumar um cachorro, ou uma namorada, não sei.

"Escreve, maluco do cacete!"

Cara devidamente enfiada no monitor novamente, dedos a postos.

Tec, tec, tec, tec, TRÉIN!

O ramal tocou. Olhei para o telefone como se tivesse estranhado o toque. Apesar de ser um pensamento um tanto esotérico, senti que a notícia não seria boa. A luz da caixa postal começou a piscar.

Liguei o foda-se.

Clic. Tec, tec, tec...

Espancamento de teclado a todo vapor, ideias fluindo nos gases tóxicos do cigarro recém fumado, voltei a escrever textos vendidos. Uma beleza! Rendeu mais uma hora de trabalho (textos MEIA-BOCA) e de luzinha de caixa postal piscando, pedindo que o recado fosse ouvido, suplicando para que aquela agonia terminasse.

"Luz piscando na caixa postal" deve atingir algum ponto específico do cérebro que incomoda profundamente e pode causar um AVC. Se demorar muito a resolver o impasse, você começa a pensar que alguém morreu ou que a receita federal está no seu encalço, ou algo mais improvável que isso.

Saco.

Apertei o botão.

You have one new message. Beeep.

– "Aldo, é a Júlia, cadê você? Seu celular tá na caixa postal também. Cheguei em São Paulo, já. Queria saber se você poderia me pegar no aeroporto. Me liga?". *Beeep.*

Eu não podia acreditar naquilo... pegar no aeroporto? Pega aqui ó!!

**REPEAT* Beep!*

– "Aldo, é a Júlia, cadê você? Seu celular tá na caixa postal também. Cheguei em São Paulo já. Queria saber se você pode me pegar no aeroporto. Me liga?" *Beeep.*

REPEAT

– "Aldo, é a Júlia, cadê...

Aqueles olhares trocados na última reunião sobre o *site* de mentira queriam dizer algo, será? Ou era só ansiedade dela para começar logo a vender as cadeiras "olho do fiofó"? O que ela queria?

Eu nunca fui bom em interpretar as mulheres. Pra mim mulher é bula em grego com gírias russas.

"O que essa doida tava querendo comigo? Me encher o saco?", pensei, já fantasiando absurdos sexuais com ela no elevador, enquanto, esbaforido, procurava o número do celular dela na agenda do meu computador.

Meu celular estava sem bateria mesmo. Nada incomum, já que eu adoro a sensação de me livrar daquela coleira eletrônica por algumas horas e "esquecer de carregar a bateria" é ótima desculpa pra minha sempre pesada consciência.

Olhei para o meu telefone e perguntei (para o telefone) o que ele iria aprontar comigo. Como ele não respondeu, eu tive de descobrir sozinho.

Apertei as devidas teclas, como se fossem a senha de um cofre dentro do qual eu encontraria o que o destino guardou para mim há muito tempo, pensando no dia de hoje. Frequentemente tenho pensamentos fatalistas que 98,97% das vezes se provam infundados. Pensei que seria um destes.

– Alô.

– Oi, Júlia, você me deixou um re...

– Então, você vem me pegar aqui em Congonhas? Cheguei em Cumbica e peguei um expresso até aqui. Estou tentando falar com você desde ontem à noite. Tá me evitando?

– Olha, não é por nada, mas tô cheio de trabalho, não sei se dá. Podemos marcar uma reunião mais tarde... – disse, querendo ir à pé até Congonhas.

– Aldo, vem me pegar?

–Tá. Beleza. Me espera em frente à livraria principal. Em meia hora eu chego.

Não era nada normal a Júlia me fazer um pedido daqueles. Bem estranho. Bizarro. Mas, fosse o que fosse, eu não poderia desperdiçar a oportunidade de estar a sós com ela, tomar um café com ela, falar sobre assuntos não profissionais. Ficar com ela um pouco, me enganar um pouco, enfim.

"Fodeu, tô fudidão da silva sauro".

Pelo menos, eu não teria de ir até lá, no fim do mundo de Cumbica, pra apanhá-la.

O meu Maverick não era muito confiável. Velho. Velhão.

Considerando seu ano de fabricação e a revisão por fazer, não era pra se confiar nem um tantinho. Nada. E esse era um momento crítico.

A Lei de Murphy era sempre uma variável importante a se considerar na equação da minha vida. Seriamente.

– Ô, carro filho da puta! Pega, desgraçado! Inferno! Ô, Bucetaaaaaa!

Desisti logo. Bati a porta com tanta força que quase quebrei o vidro. Corri para fora pela porta da garagem, me sentindo como um moleque esperando o Papai Noel que vai trazer uma bicicleta no Natal e esperei um táxi. Fumei um cigarro inteiro enquanto isso, tossindo. Nada. Outro cigarro...

– Puta, já era hora!

– Pra onde?

– Aeroporto de Congonhas.

– Tá atrasado pra pegar um voo? De sexta-feira o trânsito é ruim, você sabe, né?

– É, mas foda-se. Acelera aí, cara, o que você puder. Já tô mesmo atrasado uns quinze anos pra pegar esse avião.

– Heheheheh... você se esqueceu de acender o cigarro ou tá tentando parar? Tá apagado na sua boca.

"Esse cara tem olhos na parte de trás da cabeça?"

– Posso fumar aqui? Beleza!

A fumaça desceu quadrada de novo. Minha cabeça era apenas um branco, não um branco vazio, mas uma superpopulação de pensamentos caóticos sobrepostos que resultavam em conclusão alguma.

– Normalmente, não deixo fumar no meu carro, mas no seu caso, vou abrir uma exceção, heheheh. Tá bem estressado, né?

– Valeu. Seria mesmo cruel ficar sem fumar, aqui. Vou encontrar uma garota que eu nunca encostei a mão, uma longa história, e não sei nem o que vou dizer pra ela. Me ligou do nada e pediu pra eu pegá-la no aeroporto, pode? Por que estou te contando isso mesmo? Ahhh! Deixa pra lá. Que bosta, estou nervoso.

– Leva ela pro motel, cara. Assim, direto, sem avisar.

– Hã?

– Doutor, o senhor desculpe eu me intrometer, viu. Mas já fui em motel até a pé. De táxi é bacana. Deixo vocês num legal aqui perto.

– Que motel, cara? Tá doido? Faz um favor, amigo?

– Opa, pode pedir.

– Liga o rádio ai numa estação que role um *rock* e me deixa pensar um pouco. Tô meio tenso. Não dá pra conversar agora não.

– O senhor é quem manda.

– Desculpe. O humor tá bom, mas a cabeça tá cheia. Música relaxa.

"Tem taxista que é muito folgado..."

Tocou *Torn in my pride*, do Black Crowes, entre outras músicas. Mas ouvindo-a naquele trânsito pesado, uma sensação de "se nada tenho, nada tenho a perder" tomou conta da minha ansiedade. Relaxei mesmo.

– Fico aqui. Me espera, beleza?

– Você que manda, doutor. Tô curioso mesmo pra ver sua garota, ahahahah. Mas não demora, que não tenho ponto aqui.

"Era o que me faltava. Puta motorista folgado!"

Antes de entrar, parei na porta e tentei fazer tudo devagar, para não parecer um cãozinho abanando o rabo. Seria ridículo.

– Aldo, aqui!

– Oi, Júlia. Como foi a viagem? O táxi está esperando.

Ela estava parecendo uma pintura hiper-realista, perfeita, mas minha adrenalina me fazia enxergá-la com a miopia de Monet. Estávamos um de frente para o outro e ia me curvando para pegar as malas, quando parei e olhei dentro dos olhos negros dela, depois para sua boca e a beijei brevemente, um beijo roubado. Assim mesmo, sem pensar. Era como se ela sempre tivesse sido a minha namorada, exceto pela textura da sua boca, deliciosa, que eu não conhecia ainda. Nos abraçamos e eu sentia no meu peito o seu coração que batia forte e suas mãos quentes entrelaçadas no meu pescoço. Eu me sentia estranhamente sereno. Segurei a sua cabeça entre as minhas mãos e, ainda olhando a sua boca, disse:

– Queria que meu Maverick te levasse. Mas infelizmente estou de táxi. Vamos?

Ela abriu um sorriso e, fazendo da minha piada idiota uma frase perfeita, riu e respondeu:

– Ele me leva outro dia. Vamos, estou exausta.

Estar no aeroporto era uma coisa totalmente improvável para aquele dia. Estar com o meu braço ao redor da cintura da Júlia enquanto caminhávamos era fora da realidade.

Malas acomodadas, gorjeta para o carregador. Abri a porta do carro para que ela entrasse e me acomodei ao seu lado.

– Podemos ir, motorista.

– Certo. Pra onde?

– De volta pro mesmo lugar, mas vou pedir pra você esperar

um pouco. Preciso falar sério com meu carro, mas se ele não pegar continuamos de táxi. Ok?

– Cê que manda, chefe!

– Vou viajar hoje – disse, olhando para Júlia, sugerindo sem palavras que ela fosse comigo, mas ela não disse nada e sorriu.

Pensei em perguntar o porquê de tudo aquilo, o que ela queria, se esperava algo de mim, se tinha acontecido algum imprevisto, se ela era só folgada, mesmo, mas fiquei quieto. Então ela desandou a falar, meio eufórica, sobre a saudade que bateu do Brasil, de São Paulo, apesar de ter estado fora apenas uma semana. Enquanto ela falava pelos cotovelos achei ter ouvido, lá no meio daquelas palavras, ela ter dito que pensou em mim. Percebi que ela realmente queria me ver. Eu notava no seu sorriso e no seu olhar, além do constrangimento, satisfação por eu estar ali.

Eu estava com a sensação de que, se titubeasse, deixaria a Júlia escapar de novo, e desta vez para sempre. Eu não poderia viver com aquele beijo apenas nas minhas lembranças. Tudo o que eu precisava para mudar a minha vida era de uma namorada, e se ela fosse a Júlia, eu seria um homem feliz novamente.

Tentei dar a partida e tive sucesso. Era comum meu carro pifar e logo depois voltar a funcionar inexplicavelmente. Liberei o táxi e peguei as malas da Júlia.

Já no meu carro, resolvi partir para o ataque e tentar a sorte:

– Júlia, eu vou pra Parati hoje. Sei que pode parecer uma loucura, mas eu adoraria se você fosse comigo.

– Aldo, você continua pirado, né? Acabei de chegar da Europa, você me beija e já quer me levar pra cama. Ahahah. Menos, vai.

– Ok, mas a louca é você. Hoje é sexta-feira, se você me chamou pra te encontrar no aeroporto, não foi à toa. Me ligou um zilhão de vezes. Imaginei que não foi pra falarmos do seu *site*. Costumo não entender as mulheres, especialmente você, mas peraí, né. Falando nisso foi você que me ligou umas cinco da manhã na semana passada?

– Fui eu sim! Me atrapalhei com o fuso horário, desculpe! Eu queria ver você mesmo. Te falei, isso. Senti sua falta enquanto passei a semana em Milão. Depois que a gente se reencontrou, sei lá... Você iria adorar lá, com certeza.

– O que eu iria adorar é estar com você. Sei que posso estar sendo um idiota, mas esperei quinze anos pra te ver novamente, não me faça esperar mais quinze por outro beijo. Eu mereço uma chance, você sabe disso. Não vamos deixar esse momento escapar.

– Aldo, você é muito dramático! Até parece que você "esperou" por mim...

Ficamos em silêncio por uns dez minutos, que pareceram três horas. Eu já estava pensando que eu estava vivendo o maior mico da minha vida quando finalmente ela disse, rindo:

– Ahahahah. Quer saber, você tem razão. Eu vou. Ninguém sabe que eu voltei hoje mesmo. Vai ser no mínimo divertido, né? Pronto, decidi.

– Tá falando sério?

– Claro, mas isso não quer dizer que estou dizendo sim pra tudo, ok?

– Tá. As minhas malas já estão no carro e nem vou mais voltar na agência.

– Só que antes vamos passar lá no meu apartamento pra eu trocar as malas e tomar uma ducha. Dormi muito no avião. Tô toda amassada.

Subimos até o 22º andar daquele condomínio bacana onde ela morava e entramos por uma grande porta branca. Logo percebi que, apesar dela ser *designer* de móveis, não tinha um bom gosto para decoração de interiores. Era tudo tão geométrico, arrumadinho e branco. Aquele apartamento de revista me dava impressão de estar numa câmara frigorífica. Aconchego zero. Pensei que ali só poderia ser um lugar onde viveria uma pessoa triste. Sem cor, sem vida. Mas não parecia ser o caso.

– Vamos?

Ela estava usando uma minissaia preta e uma camiseta regata, também preta. Esta roupa, mais os fios de cabelo molhados que grudavam no seu rosto a cada movimento, escreviam a frase "quero trepar" na sua testa. Ou melhor, escreviam a frase "quero te comer" na minha testa. Malas, elevador, partida no Maverick... Tudo ok. Próxima parada, Parati.

Eu mal podia me concentrar na estrada. Ela cochilava enquanto descansava a sua mão sobre a minha perna. O sol estava pegando e o calor só era amenizado pelo vento fresco que entrava pelas janelas. Meu Maverick V8 tinha "ar *rock'n'roll*", mas não tinha ar-condicionado. Foi então que, a mais de 130 Km/h, eu quase perdi a direção. Em vez de ficar atento às curvas da estrada, eu aproveitava aquele momento vulnerável da Júlia para mapear detalhadamente as curvas dos seus peitos. Por pouco não beijei a traseira de um caminhão que mais parecia um trem. Numa freada brusca desviei e mudei de pista, passei o fenemê-locomotiva e logo parei no acostamento, perto de um oportuno trailer de pastel. Foi tudo muito rápido, mas foi tempo suficiente pra eu ler no para-choque dele, numa caligrafia cheia de rococós, "Bata antes de entrar". Puta humor negro do caralho.

– Que foi isso? – ela disse, abrindo os olhos assustada.

– Vamos comer alguma coisa?

– Ah! Boa ideia! Estou morrendo de fome.

– Legal.

– Ih, pastel? Adeus, dieta!

– Dieta? Você está perfeita!

– Não acho, e se estou mesmo é por causa da dieta.

– Por que, por mais bonita que uma mulher esteja, ela sempre está fazendo dieta? Parece que vocês todas se olham sempre num espelho que distorce a imagem. Se tem cabelo curto inveja o comprido, se tem cabelo liso quer cacheado, se é loira quer ser morena...

– Ei! Não é assim,também. Já pensei sobre isso, sabia? Na minha opinião, o problema é que nós mulheres desejamos constantemente novidades e segurança. Duas coisas, muitas vezes, incompatíveis. Uma cor nova no cabelo ou um corpo bem cuidado, por exemplo, pode trazer um pouco dos dois, mesmo que tenha um grau menor de importância se comparado com crises de relacionamento.

– Foi nisso que você pensou quando me ligou?

Pra mim, a resposta dela significaria algo profundo. Eu poderia traduzir essa pergunta para: "Ligou pra mim porque precisava de mudança, porque quando você buscar segurança em mim a coisa vai degringolar?". Eu me sentia inferior frente àquela garota que estava habituada ao sucesso. Eu não dava segurança nem pra mim mesmo.

– Pensei no quê?

– Novidade, sei lá.

– Pode ser. Acho que sim.

– Alguma decepção amorosa recente?

– Não...

Aquele "não" foi muito mais "sim" do que seria um "sim" pronunciado. Mas ela percebeu isso e emendou:

– Não diria decepção. Talvez dúvida. Mas, vamos mudar de assunto? Não tenho nada muito importante pra dizer a respeito disso. Já estou em outra.

– De queijo ou de carne?

– Queijo. Eu não como carne há muito tempo.

– Amigo, manda um de carne e um de queijo pra gente?

Segurei-a pela cintura e a beijei. Desta vez demoradamente, aproveitando cada segundo. O japonês que estava pescando os pastéis no tacho cheio de óleo ficou sem jeito.

– Olha o pastel saindo!

– Opa, valeu. Por que você não come carne?

– Nada a ver com dieta ou com saúde. Só tenho dó do bicho, mesmo.

– Também tenho, mas não é o suficiente para me tornar vegetariano.

Enquanto eu comia aquele pastel oleoso e duro de engolir e imaginava o boi no abatedouro, notei o esforço da Júlia para não deixar um fio de queijo derretido sair do controle. Aquele era um dos momentos impagáveis que eu acreditava estarem só começando. Finalmente, eu e ela. Eu me sentia vivo de novo.

Quase chegando na pousada, sugeri pararmos em frente ao mar, perto do centro histórico. Estacionei o carro debaixo de uma árvore. O sol se pondo fazia tudo ficar mais bonito. Parecia perfeito demais para ser verdade. Falamos pouco, nos beijamos muito e fomos jantar. Pedimos Filé à Oswaldo Aranha. Falamos pouco, sorrimos muito e logo retomamos o caminho para a pousada. Era simples, porém muito aconchegante. Basicamente uma piscina rodeada de árvores e de 6 míni sobrados amarelo-bebê, todos com varanda. A decoração quase toda era feita com artesanato local. Fomos logo para a nossa suíte no sobrado três.

Diferente do que eu esperava, quando me vi no quarto sozinho com ela, eu estava tímido, meio sem assunto, sem saber o que fazer. Nada à vontade com a situação. Tentei pensar em algo legal para dizer, um assunto interessante para puxar conversa, alguma coisa que a fizesse me achar inteligente. Não consegui. Achei que o melhor jeito de acabar com aquele clima seria agir sem pensar e deixar rolar. Tirei as roupas da minha mala, enquanto ela deitou na cama de madeira escura apontando o controle remoto para a TV 15 polegadas que estava presa à parede por um suporte de metal.

De repente, naquele instante, percebi que aquilo tudo era muito conto de fadas e senti que talvez eu estivesse sendo inocente demais. Aquilo começou a me incomodar.

– O que tudo isso significa pra você, Júlia? Você imaginou que um dia tudo isso pudesse acontecer? Tanto tempo sem contato, você na agência, nós aqui... Tanta coincidência, não?

– Ah, Aldo. Você sabe. As pessoas sempre fantasiam aventuras com amigos que fizeram na adolescência. Você não? Ficou uma curiosidade em relação à você. Quando nos reencontramos, achei que você estava um gato.

– Gato? Tô mais pra cachorro. Mas, o destino fazer a gente se reencontrar não é muita ironia?

– Claro. Seria, se fosse.

– Ah! Não me diga que foi planejado.

– Até certo ponto, não, mas em parte admito que sim. Um empurrãozinho.

– Ahahaha! Sabia! Mas eu sou uma besta mesmo, ahahahahaha! Conta!

– Eu encontrei o Júnior por acaso no bar Balcão mês passado, num *happy hour* com uns amigos do trabalho. Perguntei de você pra ele e ele me disse que vocês mantém contato e deu o telefone da agência, disse que você escrevia lá. Eu estava precisando de um novo *site* mesmo, isso é verdade. Juntei o útil ao agradável. Eu nunca tinha feito coisa parecida. Fiquei surpresa comigo mesma por levar essa ideia a cabo. Eu queria ver você e então...

Me senti ótimo por ser alvo da Júlia, meu ego estava recebendo uma bela massagem. Me deitei ao lado dela e comecei a beijar as suas pernas, a parte interna das coxas.Ela riu. Beijei seus pés, que estavam suados. Ela riu de novo. Pelo tom eram risadas de cócegas, mesmo, nada erótico. O rumo daquilo não estava me levando ao que eu queria. Eu estava forçando a barra. Quem sabe mais tarde... Resolvi alterar o curso.

– Vou tomar um banho.

– Vai. Vou descansar um pouquinho. A diferença de fuso horário e a viagem me deixaram um caco. Tô moída.

Tomando banho, pensei sobre mim. Eu era péssimo em *approach* mesmo. Tinha medo de que tudo aquilo pudesse dar em nada por minha culpa. Por falta de competência.

Imaginei a Júlia indo embora, pensando que tudo foi um erro. Que não tínhamos química. Que éramos só bons amiguinhos e que ela não queria estragar aquela amizade e mais blá, blá, blá de mulher que não está a fim. Olhei pro meu pinto e ele estava morto da silva. Parecia que estava me dizendo: "Hoje, pode esquecer." Fiquei com medo de brochar. Entrei em pânico; pensei em ir até a farmácia comprar um Viagra. Sim, era isso! Vou imediatamente. Farmácia urgente! Eu digo pra Júlia que vou comprar filtro solar. Me enrolei na toalha e fui falando enquanto saía do banheiro.

– Jú! Vou até a farm... Jú?

Ela estava dormindo profundamente. Cheguei perto. Desabotoei a minissaia, tirei a presilha que prendia seus longos cabelos negros. Desliguei a TV, beijei sua barriga, deitei ao lado e fiquei sentindo sua respiração, o seu cheiro e o seu calor até me embriagar.

Hora da minha insônia. Peguei o livro *Pergunte ao Pó*, de John Fante, que eu tinha levado e fui ler na varanda, deitado numa rede, onde, depois de aproveitar cada segundo daquela sensação maravilhosa por horas, adormeci.

Autodiálogo I – Homens-formiga

Às vezes me pego pensando bobagens. Algumas acabam se tornando histórias que escrevo por prazer, matando o trabalho lá na agência. É quase como uma fuga da rotina, um desabafo comigo mesmo. Na maioria, refletem o meu ponto de vista sobre a vida. Enfim, como eu já disse, bobagens. Eu chamo de meus "autodiálogos".

– O QUE É SER NORMAL?

– Ah, é pagar aluguel, não faltar no trabalho, pagar impostos, fazer tudo certinho custe o que custar. Como uma máquina.

– Mas isso não é bom?

– Não sei, mas é importante saber que isso é um extremo. O outro extremo seria se drogar o dia todo sem se importar com nada e com ninguém. Nenhum dos extremos é bom.

– Então o lado de "ser normal" é tão radical quanto ser um "vagabundo drogado"?

– Ah, eu acho que sim. Pensando assim, vejo que existe o meio termo, que é uma medida bacana.

– Como seria?

– Ser honesto, porém sem ser escravo de si mesmo e de dogmas sociais, sem esquecer de que sou humano e preciso pensar no meu bem-estar físico e mental.

– Você considera a sua rotina um vício?

– A busca pelo sucesso num extremo é como a busca por drogas no outro. Ambos trazem uma satisfação passageira e logo nos obriga a querer mais.

– Qual o limite saudável disso?

– Acho que esta é "a pergunta". Cada um tem que estipular o seu. Para alguns pode ser morar numa cidade pequena e ganhar o suficiente para ter comida, roupa e certo conforto. Para outros pode ser, por exemplo, trabalhar em algo que dê prazer, mesmo que esse trabalho fique a desejar no quesito "retorno financeiro".

– Mas a ambição moderada é necessária, não acha? Eu por exemplo não conseguiria equilíbrio com pouco dinheiro.

– Você também vai encontrar quem diga que usar drogas moderadamente também o faz saudável e feliz... cada cabeça uma sentença. Não estou dizendo que isso é errado, estou dizendo que é extremo. O topo da sociedade precisa que a base seja robótica para gerar riqueza sempre, sem poder desfrutá-la, como uma bateria faz funcionar um aparelho.

Cansei de ser bateria.

– Acho que você está sendo radical. A sua visão é desequilibrada. Se você fosse uma formiga, seria aquela desgarrada que não quer carregar folhas para o formigueiro.

– Assim como a formiga-rainha, né?

– É.

– Viu?

– Mas isso é natural!

– Ah, a natureza que se foda. Eu usarei meu cérebro para ser senhor da minha vida. Mesmo que eu resolva ser um carregador de folhas, só o serei se isso me fizer feliz.

– É, por que você sabe... a única maneira de ser formiga-rainha é nascer formiga-rainha.

– Cara, esquece essas formigas idiotas!

– Você está viajando. Quero ver quando você for ao banco e não tiver grana na conta!

– Amigo, eu trabalho pra caralho e isso acontece direto, por mais que eu ganhe, nunca é o suficiente. Nunca será, entendeu agora?

– Ah... entendi. Isso também acontece comigo.

– Ok, agora que lhe convenci disso vamos ao trabalho, ainda somos baterias no aparelho. Não sei ainda como pôr em prática o que eu disse.

– Por que você fez isso? Eu estava tranquilo, mas suas ideias me deixaram angustiado.

– A luz mostra as imperfeições, meu caro. Dizem que a ignorância é uma dádiva. Agora cala a boca e trabalha. Desta vez, pelo menos, você saberá exatamente o que isso significa.

Capítulo 4

– E AÍ, MOLEQUE, escutou o som? Você nunca comentou e nem devolveu meu disco. Que rola?

– Escutei. Bem legal...

– Bem legal? Tá louco? Aquilo é *rock'n'roll*, não é bem legal, é ducaralho, pra começar!

– Foi o que eu quis dizer, Júnior.

– Então diga, porra! Você parece uma menina falando.

– Vai tomar no cu, cara. Ducaralho, foda, pirei. Puta som do inferno! Satisfeito?

– Mmmm... melhorou.

– Eu tenho uma guitarra.

– Quê? Fala mais alto, meu. Fala pra fora, porra.

– Eu tenho uma guitarra!

– Tá falando sério? – perguntou como se eu estivesse dizendo algo mágico.

– Era da minha mãe, mas peguei pra mim. Bem legal.

– Da sua mãe? Ahahahah, que engraçado! Você sabe tocar?

– Nas últimas semanas, eu aprendi uns acordes que ensinam numas revistinhas, sabe? Até aprendi um *riff* do Alice Cooper, mas esse não tava na revistinha, aprendi sozinho.

Silêncio de cinco segundos

– Você sabe tocar um riff do Alice?

– Sei – disse. "Quem manda aqui agora?".

– Então você vai me mostrar isso hoje. Beleza?

Nesse momento, pensei em mandar o Júnior à merda, mas concluí que seria uma boa e rara oportunidade de estar por cima.

– Tá, depois da aula a gente vai até em casa que eu mostro. Sem problema.

– Ahahahah... não tô acreditando. Tomara que não seja uma bobeira sua.

– Não é.

Voltei para a minha carteira, que não era no fundão, ao contrário da do Júnior. Fiquei sentado ali, olhando para a professora de matemática, que tinha uma cara de pardal superdesenvolvido. Ela estava falando algo sobre equações de segundo grau, mas minha mente estava no *riff* de guitarra, no Alice Cooper, no Júnior. Na vontade que eu tinha de mostrar praquele ladrão de namorada filho da puta de cabelo ensebado que eu sabia fazer algo melhor que ele.

– Essas equações são mais complexas porque a variável... – piava a professora.

Olhei ligeiramente para meu lado direito, onde eu sabia que estaria a Júlia. Ela estava, e olhava para mim.

Júlia era do tipo certinha, mesmo, roupas arrumadinhas, cheirosa, boas notas, o orgulho da classe. Além disso, também era uma garota um pouco fechada, misteriosa. Parecia que escondia alguns dos seus sentimentos. Sentimentos que eu podia apostar que nada tinham a ver comigo e, menos ainda, com Júnior. Não sei explicar exatamente por que eu achava isso, mas tem coisas que a gente sente e não duvida. Aprendi com o tempo a acreditar nos meus instintos. É uma coisa lógica, científica. Se um cachorro tem o poder de prever que seu dono está voltando para casa quando ele ainda está a quilômetros de distância, não me chocaria descobrir que os humanos têm, mesmo que num grau centenas de vezes menor, esse mesmo poder estranho. Ou posso estar sendo uma besta também concluindo isso, mas o fato que não muda é que naquele mato, sim, tinha coelho.

Aqueles olhos negros em mim daquela maneira eram uma coisa rara depois que o filho da puta ensebado começou a namorá-la. Eu derreti como uma vela acesa, mas não sorri. Ela era a número dois da minha lista de *personas non gratas*, a culpada por eu ter perdido um amigo querido além da minha autoestima e por isso não merecia sorrisos.

"Aquela putinha", pensei.

A aula foi bruscamente encerrada sob o som do alarme uivando no pátio. Dei um pulo da cadeira. Era o toque que avisava o fim da última aula. Pensando no compromisso que teria de honrar, comecei a guardar meus cadernos demoradamente. Queria ser o último a sair.

– Oi!

Outro susto. Aquela voz tinha o poder de me atrair instantaneamente.

– Oi, Júlia – respondi, simulando descaso. – O Júnior já saiu.

– Eu sei, queria falar com você. Você anda meio estranho.

– Estranho? Por quê?

– Você não fala mais comigo... é por causa do Júnior? Fiquei pensando... ele é meio ciumento, às vezes. Ele te proibiu? Eu não admitiria que...

Quem era aquela vagabunda mirim pra achar que alguém podia me proibir? E, ainda mais, achar que para eu não falar mais com ela tinha que ser por um motivo alheio à minha vontade?

– Não, ele até vai lá em casa hoje. Não se preocupe, está tudo bem. Tô tranquilo.

– Quê?! Vai na sua casa? Fazer o quê?

– Júlia, estou meio atrasado, você pode perguntar pra ele depois.

– Poxa, me conta...

– Júlia, por favor! Ele te explica depois! Afinal, ele é o seu namorado e não eu. Ele te deve explicação e não eu. Ele te come, e não eu.

Aquele momento era ímpar. Eu me senti o máximo por ter dito aquilo, mesmo depois de vê-la sair apressadamente sem saber o que dizer, humilhada. Eu, o idiota da classe, pegando pesado. Quem diria! Eu jamais falaria algo assim pra ninguém. O que me deu? A Júlia saiu indignada, assustada até, e isso tinha me deixado orgulhoso, por que, apesar da grosseria, eu tinha toda a razão.

O meu próximo passo seria medir os resultados dessas minhas atitudes. Eu mal podia esperar. Nos últimos dias eu tinha transformado minha vida num laboratório, no qual todos tinham se tornado meras cobaias. Dia após dia eu os retirava de suas gaiolas, para aplicar em seus corpos as doses de agressividade, indiferença ou quaisquer atitudes que fossem importantes para corroborar as minhas novas teorias sociais. Saí da classe ansioso, mas andei bem devagar pelos corredores até a saída – pensar que eu estava fazendo Júnior esperar por mim era ótimo.

O corredor principal era um túnel sem janelas, de cujas paredes brotavam portas destruídas pelo tempo e pelos pés dos vândalos aprendizes que não eram raros ali. O chão era de concreto cinza, frio na forma, na cor e na temperatura. Eu me sentia bem ali, principalmente nesse raro momento em que podia saborear uma inconsequência minha sem a interferência de ninguém.

Pouco antes do portão de saída, vi que Júlia, ainda chorando, conversava com a Cris. Quando passei por elas, notei que Cris olhava para mim, com um olhar de reprovação. Parecia que ela queria me socar. Pelo menos, isso era melhor do que a costumeira indiferença com que ela me tratava. Não imaginei que a Júlia fosse ficar tão magoada. Não era pra tanto. Bom sinal!

Júnior estava inquieto, sentado no meio-fio. Parecia que não tinha se importado com a cena da Júlia.

– E aí moleque... amarelou?

– Não. A Júlia que me atrasou um pouco.

– Ela está esquisita hoje, tá lá chorando no ombro da Cris, não quis falar comigo. Foda-se. Mulheres são complicadas demais, tá loco. O que ela queria com você?

– Nada de mais, coisas sobre equação de segundo grau.

– Ahahah, você é um cu de ferro mesmo. Disse, dando um soco no meu ombro. – Vamos lá que quero ver a sua nova piada musical.

Estava frio, e o assunto era pouco. Andamos com as mãos nos bolsos e falamos sobre como a Cris, a loira magrela da classe e melhor amiga da Júlia, estava inexplicavelmente gostosa dentro daquelas calças *jeans* apertadas. Como a professora pardal era chata. Como o Alice Cooper era *cool*. Como as mulheres eram difíceis de entender.

– Vou entrar na padaria um minuto – eu disse, cortando a prosa.

– Ok, compra umas balas Soft pra gente.

– Tá.

A padaria era bem perto da minha casa, todos me conheciam lá, e por isso o português estranhou o meu pedido.

– Oi, Seu Emílio, beleza? Dá um Marlboro, aí.

– Não me diga que você está fumando.

– ... Tô.

– Burro. Vai maço ou caixa?

– Sei lá, qualquer um... qual a diferença?

– Fuma maço e quando acabar fuma caixa. Assim você descobre, menino, porque eu não sei. Nunca fumei. O que sei é que ambos dão câncer.

Eu estava agindo totalmente por impulso. Eu nunca tinha colocado um cigarro na boca, mas a ideia me agradava. Como o Júnior fumava, eu não queria ficar por fora. Guardei o maço no bolso, longe dos olhos espertos da minha mãe e dei uma Soft verde para o ensebado, já entrando em casa.

– Oi, mãe, esse é o Júnior.

– Oi, Júnior, fique à vontade. Aldo, quer que eu faça um lanche pra vocês?

– Eu quero – respondeu Júnior.

– Vou caprichar pra você, hein!

"Filho da puta", pensei. "Até minha mãe quer trepar com ele?!".

O carisma do Júnior era impressionante.

O meu quarto não era grande. Quatro paredes brancas com pé-direito alto, uma janela de madeira que dava para o jardim dos fundos da casa, uma cama de solteiro, um criado-mudo com o relógio despertador do Mickey já velho em cima e um armário embutido.

Guitarra em punho, amplificador esquentando. O clima estava úmido, o relógio do Mickey estava quase parando de tensão.

– Ó – exclamei, antes de começar a descer o braço nas cordas. – É assim.

O volume estava alto e Júnior se espantou com o que ouviu. As notas do riff de *Schools Out* estavam um pouco erradas, o tempo meio fora, mas foi eficiente.

– Ei, você sabe mesmo!

– Sei.

– Cara, mandou bem! Faz de novo ai.

– Tá.

– Olha, meu, se você fosse esperto, aprenderia a tocar uma música inteira e até, de repente, podia montar uma banda, né?

Aquilo entrou nos meus ouvidos como uma profecia. Guitarra, banda, *rock*, cigarro, garotas...

– Uma banda? Quem iria querer tocar comigo?

– Ah, alguém que não soubesse tocar também, sei lá. Eu gosto de cantar, sabia?

– Toca de novo. Vou cantar essa.

O cara, além de comer a minha garota, tinha uma voz legal. Era meio rouca e quase afinada. E ainda sabia a letra de cor. Que filhodagrandeputa.

– Vou trazer outros discos pra você ouvir e vou escolher umas músicas pra gente ensaiar.

– Não, Júnior, não é assim...

– Amanhã, depois da aula, beleza? O lanche tá na mesa! Tô com uma puta fome, moleque.

Júnior mal sentou e já abocanhou um sanduíche de queijo quente. Tinha groselha com leite também, num copo grande, que ele sorveu quase num só gole. Observando aquela cena, vi a criança que existia por trás daquela atitude infantil. Pela primeira vez, eu havia notado um ponto fraco nele, vi que ele era gente. O momento gritava por uma atitude sócio-científica. Quem sabe assim eu conseguiria foder tudo mesmo de vez. Aproveitei que minha mãe havia saído e mandei bala:

– Olha, eu falei umas coisas pra Júlia hoje...

– Hã?

– Disse pra ela largar do meu pé porque quem come ela é você e não eu. Era por isso que ela estava chorando, eu acho.

Eu estava fazendo de novo. Eu não pensava mais. Aquilo me dava tanto prazer que era incontrolável.

– Que você tá falando, ô moleque? Tá louco? – disse, com a boca cheia de pão e queijo derretido.

– É isso. Se você quiser brigar comigo, foda-se, mas foi isso que eu disse mesmo. E é a verdade, é o que eu penso. Se ela escolheu você pra trepar, por que eu é que tenho de ouvir as ladainhas? Se você tem o lado bom dela, eu é que não vou ficar com o lado ruim. Foda-se ela e o resto.

Por um segundo, Júnior não sabia o que dizer. Olhou para mim incrédulo e, por um momento, pensei que ele fosse enfiar a mão na minha cara, mas começou a rir involuntariamente enquanto tomava mais um gole de groselha para engolir o pão. Eu também comecei a rir. Ele gargalhava tanto que a groselha saiu pelo seu nariz.

– Cara, você é maluco mesmo! Não acredito nisso! A Júlia deve estar puta da vida com você, seu retardado! – Então, limpou a boca na toalha da mesa e levantou-se. – Cara, vou nessa. Valeu. Você é um puta figura. Amanhã trago uns biscoitos finos do *rock* pra gente ouvir. Vai ser o primeiro ensaio oficial. Quanto à Júlia, vocês que se entendam. Foda-se. Tô fora de mais problema.

– Tá.

Voltei para o quarto, montei o som, coloquei o volume bem alto e escutei *Schools Out* pela milésima vez, com a guitarra pendurada. Acendi um Marlboro meio sem jeito, debruçado na janela, com uma caixa de fósforos que tinha pegado na cozinha, e comecei a tirar os acordes que faltavam, enquanto tossia. O Júnior provavelmente concluiu que eu talvez não fosse tão idiota quanto ele pensava. Ou, que, se fosse, teria que deixar de ser, pois eu seria o guitarrista da nossa banda. Ele já não me parecia tão filho da puta, não mais do que eu.

Capítulo 5

ERA UMA MANHÃ ensolarada de sábado e eu tinha prometido para mim mesmo que começaria a correr no parque da Aclimação sempre que sobrasse um tempo. Isso me faria bem, a Júlia me disse que até poderia curar minha insônia e também me ajudaria na difícil e sempre adiada tarefa de parar de fumar. Olhei para o lado e ela estava lindamente deitada na minha cama em uma posição tão plástica que parecia de mentira. Suas pálpebras cerradas, ainda com a maquiagem azul da noite anterior um pouco borrada e os cílios negros pintados, ajudavam a tornar a cena ainda mais surreal. Tudo parecia perfeito demais desde que começamos a namorar naquela viagem a Parati. Era muita sorte eu ter a garota que desejei durante tanto tempo. Eu vivia sempre com medo de que tudo não passasse de um sonho maluco ou de que ela resolvesse, sem motivo claro pra mim, ir embora e desaparecer tão rapidamente como tinha surgido. Meu objetivo era aproveitar ao máximo tudo aquilo enquanto durasse. Olhei pro meu velho companheiro, o relógio do Mickey no criado-mudo que marcava 11h30, bem cedo para um dia pós-balada com amigos, que, como eu, beberam muito. A noite passada havia sido bacana.

O Épico era um bar pitoresco. Meros setenta metros quadrados com sete ou oito antigos móveis base de máquinas de costura transformados em mesa. Tudo iluminado apenas por luz de velas colocadas dentro de copos de geleia reaproveitados. O palco mínimo, onde sempre se apresentava apenas um músico tocando e cantando *blues*, ficava em um mezanino baixo no canto esquerdo, de frente para a pequena porta de entrada. O ambiente aconchegante e meio rústico, sem frescura, inspirava os frequentadores a sempre encherem a lata de Jack Daniels à *cowboy*.

Eu, a Júlia, a Cris e o Eduardo. Eu gostava da Cris, ou talvez um pouco mais que isso, pensando bem. Na verdade, havíamos transado uma vez quando estávamos todos estudando na mesma classe, na 8ª série do ginásio. Ela era só uma loirinha magrela e esperta, mas hoje é uma mulher longilínea e sexuda. Sexuda é o primeiro adjetivo que eu penso quando a vejo.

Definindo "Sexuda" na minha cabeça: é um adjetivo diferente de "sensual". Quando encontro uma mulher sensual, penso em sexo; quando encontro uma sexuda, já imagino logo ela em cima de mim gritando "Mais forte! Mais forte!".

Ela também tem outras muitas qualidades ou peculiaridades charmosas, como o seu feminismo moderno, o seu papo sempre inteligente, calculista e ácido, e seu sorriso maroto.

Diziam que ela era ótima como consultora financeira, também. Uma personalidade bem diferente da do Eduardo, com quem ela tinha um "caso" duradouro (ela não gostava de dizer que estava namorando). Um cara mais velho que ela uns 10 anos (ele devia ter uns 45 ou 46), que é ligado em futebol, bolsa de valores, coleção de selos e tem a vida feita. E que detestava maconha e maconheiros.

Já era meio-dia! Me levantei finalmente da cama e, tirando coragem do fundo de sei lá onde, coloquei um *jogging* e um par de tênis velhos. Desci até a garagem pelas escadas para aquecer o corpo e entrei no Maverick que, para variar, não dava a partida... Não pegava, não pegava... pegou.

"Esse carro não está acostumado a acordar cedo de sábado", pensei.

O parque estava à minha espera, radiante. Parecia que todos olhavam para mim, parabenizando a minha atitude louvável e saudável. Dei uns passos até a beirada do lago, sentei no gramado e acendi um cigarro. "Quer saber? Foda-se. Caminhar é muito natureba pra minha cabeça. Vou continuar meditando sobre ontem. É bacana prolongar uma noite como aquela pensando, no dia seguinte."

De volta à mesa animada do Épico: depois de três ou quatro

Jacks one shot e algumas cervejas, a nossa mesa era uma das mais faladoras do bar.

– Cris, com quantos homens você já transou mesmo? – perguntou Júlia pra animar mais o papo. Depois de tantos anos de amizade era óbvio que ela já sabia a resposta.

– Ahahahah... com quantos homens? Disse, realçando bem a palavra “homens”. – Putz, Júlia, essa é difícil, hein... me pegou... deixa eu pensar... acho que uns quinze, vai.

– Quinze?! – Eduardo soltou bem alto.

– Achou muito ou pouco? – provoquei.

– Não sei. Só falei porque nunca pensei nisso. Acho que tá na média para alguém com a sua idade, talvez.

– Acho que você não falou toda verdade, Cris – continuei a provocação. – Vamos considerar que você começou sua vida sexual com quinze anos. Então você teria ao menos quinze anos de atividade sexual, hoje. Isso dá um homem por ano, pô. Não dá pra acreditar nisso. Fala a verdade, vai.

– Por que eu mentiria, idiota? Ah, mas saí com alguns que tinham um pinto que valia por dois. Ahahahah. Esses deveriam contar mais pontos, não acha?

Todos riram, menos o Eduardo.

– Por quê? Você não gosta de homens “mal dotados”? – eu disse. Eu sabia que seria bem inconveniente e constrangedor, mas eu precisava dizê-lo.

– Não. Realmente não gosto – e sussurrou, virando o rosto para o meu lado. – Se sentiu ofendido?

Eduardo, irritado com a Cris pelo rumo da prosa, e Júlia, que também estava muito bêbada, tinham engatado uma conversa paralela que não dava para ouvir, por causa do volume da *Stormy Monday* que o *bluesman* mandava muito bem no palco. Mas dava pra notar, a julgar pelos sorrisos, que estavam se divertindo também. Acho que a Júlia gostava de homens ricos e sofisticados. Estava comigo por outros motivos, claro. Eduardo não era um cara que poderíamos considerar lindo, mas fazia sucesso com as mulheres segundo o que a Cris contava. Talvez por causa da sua estatura, da grana no banco e da forma física que conseguia manter à custa de algum exercício semanal, provavelmente. Talvez por ter notado isso é que eu tenha resolvido caminhar no parque. Claro, foi por isso.

Júlia e Eduardo disseram, então, que iriam pegar uma porção de qualquer coisa no balcão e saíram da mesa.

– Quer saber? Eu poderia apostar que você gosta de pessoas que nem pinto tem, mas te falta coragem pra assumir – retomei o assunto com a Cris.

– Quê? Por que está dizendo isso? Quer se vingar, né? Ahahahah.

– Estou dizendo por que estou te provocando mesmo. Quero ver até onde essa conversa vai. Você deu a entender que não transa só homens.

– Puuutz... Mala como sempre – disse, com um sorriso que contradizia o insulto. – Ok, cara. Tem mulheres que me excitam, sim. Não vou mentir. Não é normal? Ai, estou bêbada meeeesmo!

– Quando você bebe, não mente? Ou você está adorando me dizer isso e precisa de uma desculpa? Relaxa, Cris.

Eu a estava cutucando porque eu achava que o jeito que ela olhava para Júlia era estranho, mesmo. Alguma coisa me dizia que naquele olhar tinha algo a mais, alguma cumplicidade além da amizade. Assumo que eu me sentia um pouco ameaçado com isso. Ameaçado, porém excitado.

– Eu fico acesa com mulheres, às vezes. Mas, sim, eu posso mentir perfeitamente quando bebo, pensando bem.

– Não minta agora. O que mais te chama atenção numa mulher bonita?

– Que questionário, Aldo. Papo estranho, hein! Mas vou entrar no seu jogo. Está divertido. A boca. Gosto de bocas com batom. Bocas carnudas e vermelhas me hipnotizam. Bocas safadas, sabe? Normalmente, ou melhor, quase sempre, elas estão num rosto feminino.

– Como a boca da Júlia, por exemplo?

– É, ela tem uma boca sensual. Não dá pra negar. Acho que ninguém negaria isso, não é mesmo? Nem um cego. Nem a Madre Teresa de Calcutá.

– Só. Mas, no seu caso, acho que o que rola é mais que pura admiração... Tô dizendo que parece que você deseja aquela boca “de verdade”. Além da fantasia, entendeu?

– Olha, Aldo, não abuse do meu nível alcoólico. Guarde as suas teorias conspiratórias no bolso hoje, *pelamordedeus,* vai. Às vezes esqueço o louco que você é.

– Não é isso... olha só. Sabe, eu sempre acreditei que, para muitas pessoas, a bebedeira é apenas uma desculpa para que possam tirar o pó dos esqueletos guardados no armário perante os amigos, tipo um desabafo. Não é pessoal, não. Acho que você pode ser uma dessas, talvez eu seja uma também.

– Você tá dizendo que a Júlia faz parte dos meus segredos, que ela é um dos meus esqueletos? Dá um tempo, cara. A Júlia é uma querida, minha melhor amiga.

– Quem disse isso foi você. Eu disse apenas o que eu disse.

– Essa conversa está meio esquisita. Se você está querendo me dizer algo, vá em frente. Manda bala, machão.

– Ok, você tem razão. Vou ser bem claro porque sei que você não se ofende fácil. Você olha para a Júlia e ela pra você de um jeito diferente e isso me faz pensar que vocês têm muito mais do que amizade. Isso não me deixa com ciúme, não, se é o que você está pensando – menti. – E, para ser ainda mais franco, fico excitado – disse sinceramente.

– Você está tentando me seduzir ou é impressão minha? Você tá com cara de lobo mau! Ahahahah! Aldo, você não existe, cara. Demorou pra cair a minha ficha!

– Aúuuuuuuuuuu!! Ahahaha. Cris, você não me conhece bem, mas estou tentando te dizer que sou a favor de brincadeiras sexuais. Entendeu?

– Brincadeiras? Ah, bem típico... Você acha que duas mulheres só podem "brincar"? Algo contra sexo consciente, romance? Por acaso acha que qualquer coisa que saia do que a sociedade te ensinou é errado e por isso "brincadeira"?

– Não, Cris, não foi isso que eu quis dizer. Porra, para de se defender. É que, por um momento, lembrei de você adolescente, na classe da 8º série, "olhando" pras bundas das meninas. Naquela época era tudo brincadeira, não?

– Ahahahah... isso tá na sua cabeça. Não inventa. Eu não "olhava" a bunda das meninas, nada.

– Cris, eu posso ser um cara meio maluco pra você, mas não invento cenas. Sou um cara observador e isso eu não esqueci. Que merda! Acho que somos maduros hoje e, por isso, estou aqui te cantando, falando bobagens bacanas enquanto o Eduardo está lá babando na minha namorada, e vice-versa. Ficou claro? É a vida. Precisamos nos sentir desejados o tempo todo. Não é você que diz que tudo gira em torno de sexo? Por que você não relaxa e entra na onda? Difícil, hein!

– Ahahahah! Você lembra quando falava isso?! Não por acaso, é uma opinião que mantenho. T-U-D-O gira em torno de S-E-X-O.

– É. Pescaria esportiva.

– Quê?! Não entendi o que você falou.

– Pescaria esportiva. Daquelas que você faz de tudo para pegar o peixe e, quando consegue, em vez de comê-lo, você o solta de volta na água. A Júlia está fazendo pescaria esportiva com o Eduardo, olha lá. Olha lá que sedutora, mexendo no cabelo enquanto fala. Faz bem para o ego dela. Isso não me incomoda, não, eu entendo o jogo e sou bom jogador. Só espero que ele não seja um tubarão, ahahahah.

– É mesmo, Aldo. Verdade esse negócio de pescaria esportiva. O Edu deve estar estourando o zíper das calças com a vara dele. Ahahah. Deixa eles se divertirem. Bom, voltando ao assunto, desde que eu conheci a Júlia ela me deixa excitada com aquele jeitinho indefeso dela. Tenho tesão, pronto, falei. Falei. Satisfeito?

– Continua.

– Não tem o que continuar, Aldo. Você é doente?

– Continua, Cris. Está pensando que eu vou te julgar?

– Estou pensando é que você está de pau duro e isso te tirou sangue do cérebro, sua besta. Aldo, sua mulher é bem mimada por mim desde que nos conhecemos, por isso somos tão amigas. Ela gosta disso. Eu a conheço muito bem. Se você não cuidar dela direito, ela vai te largar. Escreve isso. Fica esperto.

– Ei... isso é sério, hein! Estou notando uma estocada de ciúme no seu olhar ou... Você está com ciúmes da Júlia?

– Você está namorando a minha melhor amiga. Nos reencontramos por causa dela, depois de trocentos anos sem contato. Tá sendo legal, mas eu acho você meio pirado demais para uma garota indefesa como ela. Vê se pega leve.

– Ah, sim, quer dizer que a minha garota tinha de ser assim, mais ou menos como você, né? Casca grossa?! – Disse sério, logo virando mais um *one shot*.

– Você não teria coragem de encarar uma como eu ahahahah.

– Talvez. Não mesmo. Não faz o meu tipo também.

– Cuida direito dessa menina, me escuta.

– Para, vai. Você está bêbada, mesmo. Agora tá falando besteira pra mudar o assunto.

– Aldo. Tô falando demais mesmo. Não comenta com a Júlia esse papo. Eu jurei pra ela que não me meteria no relacionamento de vocês, mas sou uma bocuda, mesmo. Não me aguento.

– Você é apaixonada pela Júlia! Como não enxerguei isso antes?! Tá morrendo de ciúmes!

– Cala a boca! Como você é! Fim da conversa de louco. Com licença, vou até o banheiro retocar o batom.

– Espera...

Cris levantou-se e não foi ao banheiro. Foi ao encontro da Júlia e do Eduardo e se pôs entre eles sorrindo.

Acabei ficando sozinho na mesa. Eu também estava bêbado e tive um pensamento profundo e sincero: "Um baseado agora cairia bem". Levantei e fui ao banheiro. Mas, de verdade.

Parei de pensar um pouco e me vi no parque de frente pro lago, de novo. Cigarro já quase no filtro. Uma garça deu um bote rápido e pegou um peixinho, que engoliu inteiro. A garça não tem dentes, mas a natureza deve ter lhe dado um estômago e tanto. Me levantei e caminhei um pouco, devagar. Dois velhos muito velhos jogavam dama em uma das mesas de concreto com tabuleiro pintado no tampo, que ficam sob uma cobertura de telhas de amianto ao lado de uma área verde com centenas de eucaliptos enormes. Um vento delicado com um perfume fresco batia no meu rosto. Senti inveja da tranquilidade dos velhinhos ali, mas durou pouco. Parei perto deles para ouvir o que falavam, disfarçando, como se o motivo fosse alongar a panturrilha.

– Sabe quem eu vi ontem? O Sérgio, lembra?

– Nossa! Ele não morreu, ainda não?

– Não, mas teve um derrame que deixou ele sem falar e sem andar. Coitado. Tava na cadeira de rodas, empurrada pela filha. A Luzia, lembra?

– Lembro. Vixe... Deus me livre de acabar assim.

– É...

Fiquei imaginando "eu muito velho". "Será que é sorte ou azar viver tanto a ponto de ver seus amigos morrendo como moscas?" , pensei. "Não tenho opinião formada sobre o assunto". Fiz meia volta e resolvi ir para casa. Eu ainda tinha que repassar umas canções na guitarra, pois hoje era dia de ensaio. Além disso, a Júlia estava me esperando e eu pensava se ela não estaria a fim de uma rapidinha. "Caminhar" no parque me deixou animado.

– Oi, amor, acordou?
– Ai. Mais ou menos.
– Vem aqui pertinho...
– Nem vem, Aldo, minha cabeça tá explodindo.
– Tá. Me diz uma coisa. Você seria feliz vendo todos os seus amigos morrendo como moscas?
– Que pergunta maluca é essa?
– Vi uns velhinhos conversando no parque. Imagina você com oitenta e tralalá, sem nada pra fazer e tendo que ir a um enterro por mês, só esperando a sua vez, como um tipo de tortura disfarçada de vida. Sacou?
– Ai, Aldo, que maneira de ver as coisas, putamerda. Por que você está preocupado com isso? Não vai me convencer a transar desse jeito, pode esquecer.
– Não, não é isso. Depois eu explico. Vou fazer um café.

Liguei o som da sala e coloquei *Maggot's Brain* do Funkadelic para rolar. Um desses álbuns cuja música homônima tem o poder de mudar a cara do dia. Neste caso o dia ficava bem maluco. É um som psicodélico, uma viagem melancólica com solos de guitarra intermináveis. Uma obra prima do George Clinton e Eddie Hazel.

– Aldooooo! Abaixa um pouco isso!

Como alguém em sã consciência pode fazer um pedido desses? Deve ser por atitudes assim que tem gente que fica doida. Pedi perdão em pensamento ao Clinton e ao Hazel e apertei o botão do controle remoto.

– Táaaaaaaaa.

Autodiálogo II – O Medo e a Mula

– ESTÁ EMPACADO aí por quê?

– Medo.

– Medo do quê?

– De muita coisa. Se eu sair daqui podem acontecer coisas terríveis.

– E se ficar aqui, não?

– Mmmmmm... não tinha pensado nisso.

– Então, entre ficar aqui e sair, melhor a 2º opção. Pelo menos você aproveita o mundo, mesmo que com medo. Talvez assim o medo vá embora.

– Mas tenho mais medo de sair do que de ficar.

– É porque você é uma mula.

– Me dê um motivo para sair, então.

– Preciso que você carregue algo pra mim.

– Carregar o que?

– Um vaso chinês.

– Tenho medo de derrubá-lo.

– Se derrubar, você não sofrerá as consequências.

– Assim, fica fácil.

– Fica mesmo. Você carrega meu vaso que eu carrego seu medo.

– E se você perder o meu medo? Vai ter de sofrer as consequências.

– Quais?

– Será responsável por tudo de mal que acontecer por eu ter me tornado uma mula inconsequente.

– Tudo bem. Mas a questão é: você prefere ser inconsequente ou inútil?

– Inútil, pois assim ninguém sofrerá as consequências dos meus atos, apenas eu.

– Então, faremos assim: eu carrego meu vaso e você apenas me faz companhia.

– Agora, vejo claramente! É disso que eu preciso! Um amigo!

– Ainda está com medo?

– Sim, mas agora é diferente. Agora ele não me domina. Posso carregar seu vaso?

– Claro. Obrigado.

Capítulo 6

– ALDOOOOO! Abaixa um pouco isso! – gritava minha mãe, da cozinha.

Minha mãe é uma mulher peculiar. Apesar de ela frequentar a igreja, nunca rolou fanatismo aqui em casa. Nada dessas coisas de dizer que sexo é proibido, repressão em relação ao modo das pessoas se vestirem ou preconceito. Parece incoerente aos olhos dos outros, mas para mim esse jeito dela faz o maior sentido. Ela sempre me transmitiu segurança. A religião foi algo que apareceu depois que o Jô se foi. Aqueles sim foram dias loucos, difíceis. Sinto o estômago revirar só de pensar. De qualquer maneira, me esforço para não decepcionar a velha.

Era sábado, um sábado diferente, introduzido por um som incrível: *Simple Solution*. Júnior havia chegado logo cedo com esse álbum do Nazareth, *No Mean City*, embaixo do braço. A capa era lindamente assustadora: uma ilustração de um monstro grotesco, com cara de esqueleto, empunhando duas lâminas de barbear. Assustador. Mas a navalha comia mesmo quando a agulha tocava o vinil. A voz rascante fazendo dueto com aquela guitarreira barulhenta era incrível. Seria nosso quinquagésimo (ou algo parecido) ensaio, mas ainda éramos apenas dois e, naquela época, era inconcebível uma dupla de *rock* no palco. O *White Stripes*, banda formada só por guitarra e bateria, surgiria com sucesso décadas depois, mas isso não tem nada a ver. Agora precisávamos dar um jeito nisso.

– E aí, meu? Acho que já temos músicas o bastante para mostrar pro Zappa e pro Lau. Que acha?

– Você é meio apressado, né, Júnior?

– Que apressado, moleque! Vamos logo botar isso pra andar. Sabemos essas músicas de trás para frente, cara. Você aprendeu tudo rapidinho pacas. Já faz quase um ano que a gente tá se preparando, tocando direto. Para de ser retardado. Tá na hora. Precisamos falar com os caras.

Zappa e Lau eram, respectivamente, o baixista e o baterista de uma banda de *rock* do bairro, a Expresso 68. Eram um pouco mais velhos que eu e o Júnior e até já tinham feito alguns *shows* na escola. Júnior insistia que nós éramos muito melhores que o vocalista e o guitarrista deles e estava decidido a roubar aquela "cozinha" pra gente.

– Tá, mas você já pensou que eles podem não topar? Por que eles deixariam uma banda como a deles, legal pra caramba, pra tocar com dois moleques que nunca subiram no palco? Cai na real.

– Você é uma besta, Aldo. A gente vai detonar aqueles comportadinhos, pô. A gente tem de sobra o que falta naquela banda. Atitude. *Rock'n'roll.*

– Sei não... Se *rock* fosse só atitude a gente nem precisava ensaiar tanto. Como a gente vai fazer isso, então? Qual o plano? Você deve ter um.

– Beleza. Resolvo isso já. Peraí.

Júnior, que sempre foi o cérebro da dupla, já estava com tudo preparado e eu, o otário, não sabia. Tirou um papelzinho do bolso com dois nomes e alguns números anotados e tirou o telefone do gancho, enquanto eu já suava frio.

– Junior, você não... – eu disse rápido, estendendo o braço numa atitude de bloqueio. Tarde demais.

– Zappa? É o Júnior, cara. Beleza? Então, você tá a fim de escutar um som novo? Tô aqui na casa do Aldo... vem pra cá. Chama o Lau também, tem unzinho pra gente fumar aqui.

Eu estava tonto. "Unzinho"? Fodeu! Aquilo era muito importante para acontecer assim tão rápido, tão de supetão, e ainda com maconha pra piorar. Eu pensei que rolaria uma preparação psicológica, um agendamento com antecedência, um planejamento... Mas, não. Foi assim. Do jeito do Júnior.

– Cara! Você é doido? Como chama os caras aqui assim, sem pedir pra mim, e ainda pra fumar maconha? Tá pirado? Minha mãe me mata e meu pai me ressuscita pra me matar de novo! Ela já anda preocupada com esse *rock* todo aqui em casa todo dia. Você sabe, eu já te falei que tem neguinho falando pra ela que isso é coisa do diabo.

– Calma, meu. Relaxa. Sua mãe nem concorda com essa besteira, caralho. Tem coisas que tem que ser assim, que nem tirar esparadrapo da ferida. Quanto mais rápido, menos sofrimento. E, quanto a fumar um, sua mãe tá na igreja e seu pai trabalhando, como sempre fazem no sábado, não é? A gente fica na boa aqui, sem problema. Fica frio.

– Putamerda... não tô acreditando nisso. Tá bom, vai. Agora já era. Talvez dê tudo certo se eu não tiver um derrame, antes. Se o bicho pegar eu é que vou te matar. Te encho de porrada. Não tenho nada a ver com isso de "unzinho, unzinho". Que gíria de malandro é essa? Minha mãe me mandaria pra uma clínica de recuperação e ficaria chorando pelos cantos, pedindo a Deus que me tirasse desse mundo do *rock*. Ahahahah. Ai, ai, tô rindo de nervoso.

– Ahahahah... você ainda é um nenê né? Tá em pânico. Vê se cresce logo! Você vai ter uma banda hoje. Você vai ver o mundo do diaaaaaabo. Búúúúúúú! Ahahahahah.

Fui até o banheiro, lavei o rosto para me acalmar e me olhei no espelho. Tive vontade de poder sumir, como naquele *videogame* antigo que tinha a tecla "hiperespaço" o *Asteroids*. Vi a figura bizarra da capa do álbum do Nazareth refletida, que tentou meter a navalha no meu pescoço. Júnior tinha razão. Eu era apenas um menininho assustado. Fiquei com raiva da minha atitude frente ao inesperado, pois aquele medo não tinha mais nada a ver com a minha vida. Isso era coisa do Aldinho, menino comportado. Hoje tinha que ser o meu dia, o dia do Aldo guitarrista, já homem. Em vez do "hiperespaço", apertei o botão do "foda-se" e criei coragem para encarar os fatos de frente. Hoje seria o meu dia, sim, e eu não podia deixar meu castelinho, ainda que de areia, feito com tanta dedicação, ruir. Fui até a cozinha e constatei que minha mãe já havia saído, de fato. O plano tinha começado bem, pelo menos. Fui até o jardim e tirei um cigarro amassado do bolso (agora eu sabia a diferença entre maço e caixa: o maço não protege os cigarros de serem amassados) para me recompor. Eu sentia um vazio esquisito, um frio na barriga e um gosto de cabo de guarda-chuva na boca, coisa que me lembrava os momentos em que tentei me aproximar da Júlia. Quando sentia isso, eu logo desistia. Mas não hoje. Enquanto fumava, lembrei por acaso de uma cena que vi quando ainda era muito pequeno: um homem cego, em frente à faixa de pedestres, esperando alguém para ajudá-lo a atravessar a rua. Mas não havia ninguém por perto e, após algum tempo, relutante, ele aventurou-se a fazê-lo sozinho, apenas escutando o som dos carros parando ao sinal vermelho. Aquilo foi muito aflitivo para mim. Imaginei eu, de olhos vendados, atravessando uma rua. Imagina?

**Ding dong! **

– Puta susto!, murmurei, depois de dar um salto que jogou meu cigarro no chão.

Abri a porta e dei de cara com aquelas duas figuras que eu nunca imaginei um dia visitando minha imaculada casa. Zappa era bem alto e magro. Tinha esse apelido numa alusão a Frank Zappa, não pela semelhança física, que não existia, mas pelo jeito de doido e pela coleção de álbuns desse *rock star* que ele ostentava. Ele era um negrão de um metro e oitenta que usava um cabelo *black power* bem fora de moda e roupas coloridas, bem *flower power* anos setenta. Ele era do tipo sossegado, falava manso e tinha uma voz bem grave. Já o Lau, não. Era meio ansioso. Um gordinho de estatura média, bem brancão, com cara de bolacha, cabelos loiros bem compridos e óculos redondos que deixavam seus olhos azuis enormes. Formavam uma dupla que chamava a atenção em qualquer lugar. O Lau já foi falando e entrando.

– E aí, Aldo, beleza? O Júnior tá ai? Ele disse pra gente que ia rolar um som aqui, hoje. Tem jeito?

– É, ele comprou o *No Mean City*, do *Nazareth.*

– Legal... não conheço esse disco direito. Só a capa.

– Nem eu. O Nazareh é meio chato – disse Zappa.

Entrando no meu quarto, vimos o Júnior que já estava terminando de enrolar o baseado. Passando a língua no papel para terminar de fechar o cigarro, fez um gesto com a cabeça. Logo depois se levantou da cama onde estava sentado e cumprimentou a dupla esquisita com abraços.

– E aí, expressos? Quem acende a bucha?

– Dá aí – disse Lau rapidamente, tirando um isqueiro do bolso da calça larga, do tipo surfista, que ele usava sempre.

Notei que o Júnior não estava fumando. Ficava apenas passando o cigarro. Ele me fez um sinal que entendi como "deixa passar", e foi o que eu fiz. E é o que eu faria de qualquer maneira. Nunca tinha fumado aquilo.

– Quero mostrar um lance pra vocês – disse Júnior.

– Tô ligado, Nazareth, né? – disse Lau.

– Não – fazendo um sinal para que eu pegasse a guitarra. – É um som novo mesmo... fresquinho.

Liguei o amplificador num volume muito alto. Nele, estavam plugados o microfone e a guitarra. Zappa e Lau olharam meio desconfiados para a cena e, já meio malucos de erva, se acomodaram sentados no chão para ver o que aconteceria. Bem, resumindo, foram quase trinta minutos de música atrás de música, tocadas e cantadas sem medo, entre nuvens de fumaça proibida. Só clássicos do *rock* anos setenta. O que me deu confiança e nos fez ir em frente após a primeira canção foram os sorrisos da miniplateia presente. Os aplausos tímidos e os sinais de "joia" nos encorajavam a apresentar mais uma e mais uma. Foi um transe pra mim. Senti, pela primeira vez, o que era estar num palco. Foi como se o resto do mundo desaparecesse por completo. Só existia eu e o meu instrumento, fundidos num só corpo. Naquele momento, eu soube que nunca mais deixaria aquela sensação para trás. Eu tinha contraído um vírus poderoso e incurável. Júnior parecia estar na mesma sintonia. Cantou como se fizesse isso desde que tinha nascido. Acabamos a apresentação e eu me sentia como depois de um orgasmo poderoso, como eu já havia sentido uma vez me masturbando no banheiro, só que muito melhor. Guardei a guitarra, desliguei o amplificador e me juntei aos outros no chão. Júnior acendeu a ponta do baseado e desta vez eu também fumei. A adrenalina que estava em meu sangue há pouco provavelmente cortou o efeito do THC, pois eu não senti nada diferente. Só relaxei um pouco mais.

– Caras, vocês mandaram bem – falou Zappa.

– A gente vai formar uma banda. Se não quiserem ficar de fora, a hora é agora – respondeu Júnior, com sua pressa característica.

– Ah, é? Tá bom. Tô dentro. Adoro *rock* setenta. Quando ensaiamos? – disse Lau, rapidamente.

– Ah, cara... Temos que ver o Expresso, horários de ensaio, acho que os caras não vão gostar disso... Sei, não. Mas vou dar um jeito – disse Zappa, levantando-se vagarosamente do chão.

A coisa toda foi rápida. No fim da conversa, já tínhamos marcado ensaio para a próxima semana na casa do Lau. Eu nem imaginava o quanto eu seria amigo desses caras.

Júnior olhou para mim com um sorriso largo no rosto. Pela primeira vez, senti que éramos amigos de verdade, os melhores amigos um do outro. Pela primeira vez na vida, me senti importante. O *rock* tinha me proporcionado isso e ninguém tiraria isso de mim nunca mais. Foi uma promessa que fiz para mim mesmo.

Capítulo 7

ERA DIA DO ÚLTIMO ensaio antes de um importante *show*. Pelo menos, esse era muito importante para mim. Há muito tempo eu não subia num palco. Por isso saí mais cedo da agência, deixando alguns textos enfadonhos pendurados. Eu poderia acabá-los na segunda-feira. Minha cabeça já estava na minha prazerosa guitarra desde que eu acordei e avisei a Júlia que ela estava atrasada para a reunião com a Top Design, uma grande indústria de móveis que estava interessada em comprar um projeto dela após tê-lo visto no site. Era um móvel realmente interessante e original, uma estante modular inclinada que fazia CDs e livros ficarem apertadinhos no canto sem precisar de pesos ou trilhos para mantê-los no lugar. Bem inteligente e bonito. Essa menina era um sucesso, tudo que ela tocava virava ouro, mas não naquele dia...

– Jú, acorda. Vai perder a hora. O despertador já tocou três vezes. Tá morta?

– Mmmm... Me deixxxx... – disse, com a voz embotada, como se estivesse falando uma língua extraterrestre.

– Você vai perder a hora!

– Hojj nã tem nad...

– Hoje é sexta. Reunião na Top Design, lembra, ô? Levanta! O inconsequente nessa casa sou eu! Pirou?

– Num tem, me de dorm...

– Quê? Cancelaram a reunião? Quando?

– Aldôooo, me deixa, vai... saco. Que merda – disse, já irritada e despertada o suficiente para articular razoavelmente alguns palavrões.

– Mas que porra, Jú! E você nem me disse nada? Cancelaram mesmo?

– Aldo, me deixa dormir, vai, cacete!

– Que cumplicidade... Que carinho! Dá pra você falar direito comigo?

– Aldo, pelamordedeus, não quero discutir a relação agora. Quero dormir, por favor.

Fiquei puto, não pelo fato da reunião ter sido cancelada, mas por ela não ter me contado algo que julgávamos tão importante. Afinal de contas, já estávamos juntos há um bom tempo. Quase um ano.

Tem horas que discutir com a Júlia não é um diálogo, são dois monólogos. Quando ela está querendo esconder algo dela mesma, sua cabecinha pira. É demais para ela assumir que algo não funcionou conforme o planejado. Talvez por isso ela seja uma pessoa tão aplicada: pelo simples motivo de não saber lidar com a decepção. Olhei por acaso para o criado-mudo e o relógio do Mickey estava apontando nervosamente, com o ponteiro dos minutos, para uma caixa de remédio tarja preta. A Júlia estava se drogando, então. E com receita médica. Como eu não percebi? Ela estava transtornada e eu ligado nas minhas canções, nos meus acordes, nos meus sonhos adolescentes, na minha felicidade, no meu umbigo. Não percebi. Que egoísmo da porra!

Um egoísta e uma egocêntrica. O par perfeito! Uma *ego trip* a dois. Que romântico! Descobri numa ensolarada manhã que o meu relacionamento estava indo pro saco sem aviso. Ou, pelo menos, não um aviso alto o bastante para meu coração surdo que nem uma porta.

Decidi, finalmente, que isso não estragaria meu dia. Mesmo assim, estragou. Tomei um banho e coloquei os pães na torradeira.

"Putamerda, por que a Júlia faz isso?", pensei. "Sempre me deixa à margem da sua vida". Lembrei de outros episódios em que isso tinha ficado bem evidente, como o dia em que conheci os pais dela. Parecia que ela fazia de tudo para que eu falasse o mínimo possível com eles, principalmente com o Sr. Walter, um advogado que, descobri depois, tinha coisas bem interessantes para dizer, apesar da sua profissão. Com a mãe também, ela quase se transformava numa parede de isolamento entre nós. Sempre achei que eu era interessante o bastante para impressionar uma dona-de-casa metida a *socialite* como aquela (mas sem grana o bastante para ser uma de verdade), mas a Júlia não achava o mesmo, aparentemente.

A casa deles tinha uma decoração bem tradicional. A sala onde estávamos era recheada de móveis pesados em madeira escura, sofás grandes com estampas floridas e tapetes orientais. Um cheiro de *curry* pairava no ar e não vinha da cozinha. Eu nunca soube o porquê. Mas sempre que sinto cheiro de *curry,* lembro daquela casa.

– Então, você é que é o famoso Aldo?, disse o Sr. Walter enquanto me servia uma taça de vinho tinto.

– Sou famoso, é?

– A Júlia fala de você há uns 15 anos, eu acho. Como nunca havíamos nos conhecido? – disse, tirando da boca um cachimbo bonito. – Disse que você é redator publicitário.

– Eu escrevo para ganhar a vida, sim.

– Ah, é? E para ganhar o céu, o que você faz?

– Não sou religioso, embora a minha família seja. Esse conceito de céu e inferno é um pouco fantasioso demais pra mim.

– Ahahahah... não, Aldo, desculpe. Minha pergunta não tem nada a ver com religião, ou Deus. É o que eu pergunto quando quero saber o que a pessoa realmente faz para ter prazer na vida. Talvez o seu maior prazer não seja escrever.

– Ah... Entendi. Jeito interessante de abordar o assunto, heheheh. Eu tento ganhar o céu tocando guitarra... nada muito sério, só alguns projetos paralelos à minha redação. Coisa de adolescente, dizem, mas eu adoro.

– Vamos jantar, então? – interrompeu Júlia, bruscamente, colocando metade do seu corpo entre a passagem da cozinha para a sala.

– Projetos? Isso eu não sabia. Que projetos? – perguntou o sogrão, interessado.

Pensei que aquele ar de amizade precoce talvez fosse a porra duma armadilha para que eu me sentisse à vontade rápido e despejasse meus mais sinceros sentimentos na mesa, para depois, numa tacada de mestre, quando eu tivesse vomitado tudo, feliz, ele me visse nu e envergonhado, em frente à mãe da minha namorada. Como em sonhos malucos que todos têm: pelado na multidão. Aí então, me olharia com cara de reprovação, ou pior, de pena e decepção, com aquele mesmo olhar que meu pai usava quando me pegava tocando guitarra na véspera de uma prova.

"Foda-se", pensei. "Se for pra ferrar tudo, hoje é um bom dia, e os meus calos sociais são suficientemente duros. Eu aguento a porrada".

– Também tenho uma banda de *rock* – eu disse, já cagando e andando para as consequências. O comportamento da Júlia, às vezes, me fazia ranger os dentes de raiva. Raiva porque fazia eu me sentir um estorvo, um banana, alguém que poderia fazer algo idiota de repente. Nesses momentos minha vontade era fazer tudo que eu sabia que ela não queria. Vontade de foder aquele mundinho perfeito que ela gostava de viver.

Ela apareceu novamente na porta da cozinha, balançando discretamente a cabeça no sentido horizontal, lançando um olhar emoldurado por sobrancelhas arqueadas, que dizia, "Não continue, por favor". Me fiz de desentendido e com um sorriso cínico continuei falando a todo vapor. Eu estava sem saco pra tudo aquilo, ela, a mãe dela. Mas o papo do pai ainda estava me entretendo. Ele era o único ali que estava merecendo a minha atenção.

– É, adoro música, eu gostaria de ter uma carreira musical. Tenho alguns planos em andamento. Sou um sonhador, sabe... Fantasio viajar por aí, tocando.

Aquilo não era verdade. Há muito tempo eu já havia desistido de ganhar dinheiro com a minha guitarra. Mas, meu objetivo, no momento, era só deixar a Júlia constrangida.

– Não te recrimino por isso. Pode relaxar e tirar essa ruga da testa. Esqueça a Júlia agora, mulheres não entendem esse lado criança que a gente tem, mas é o que nos mantém vivo, não é? Não sei se é o seu caso, mas estou falando de mim, agora. Além disso, eu também adoro música. Não sei se a Júlia comentou.

– Não me diga. O que o senhor costuma ouvir?

– Me chame de Walter, ok? Muito *blues* e *jazz*... tenho uma pequena coleção. Eu acho fascinante ver um bom músico tocar, ouvir uma bela canção, os improvisos... Acho uma coisa de inteligência absurda, algo que é impossível conquistar apenas nos livros, na técnica, não acha? Eu gostaria de ter sido músico, mesmo amador, mas nunca aprendi a tocar nada. Casei muito cedo e me dei mal, nesse sentido. Ahahahah. Brincadeira. Casar é bom, eu é que mudei as prioridades, mesmo. Levei o

Direito a sério. Estudei muito. Fiquei com medo de seguir um impulso pela arte e estragar o meu futuro. Na maioria das vezes, não dá pra conciliar as duas coisas. No meu caso, pelo menos, não dava.

Aquele papo estava ficando bom pra danar, principalmente por que a Júlia estava ficando irritadíssima. Me empolguei e dei corda para o velho se enforcar e me enforcar também. Corda e vinho não faltava, tinha pra todo mundo, e já estávamos na terceira taça.

– Mas nunca é tarde para aprender, Seu Walter. Temos que improvisar na vida como na música. Penso assim. Se a gente for apenas cerebral fica faltando uma pitada de pimenta. Principalmente para tocar um instrumento. Tem que ter alma, estilo, atitude, e isso é difícil aprender nas partituras ou nos livros, mesmo. Veja Charles Mingus, Thelonious Monk, B.B. King, Jimmy Page, Eric Clapton, Jimmi Hendrix... Muita técnica, mas muita alma também.

– Não tenho nenhum álbum do Eric Clapton, mas tenho curiosidade a respeito dele. Já ouvi falar bem demais. As canções mais conhecidas dele que tocam no rádio são muito boas. Acho que ninguém recebe apelido de Deus e conquista a mulher do melhor amigo à toa, ahahahah. Sei a história porque gosto dos Beatles. Conhece a história dele com George Harrison, né?

– Sei sim. Danada de boa. O Clapton se apaixonou pela mulher do cara que era o seu melhor amigo, fez uma música pra ela e acabaram se casando. E o mais improvável: continuaram amigos. É muito LSD pra cabeça!

– O jantar está servido! – gritou Júlia com ansiedade e impaciência, já sentando à mesa na sala de jantar, que ficava anexa à de estar.

O jantar estava cheirando bem. Apesar dos talheres aos montes e cerimônia demais, não me senti intimidado. Eu estava faminto. Seu Walter, já meio bêbado, rapidamente cortou um pedaço de pão italiano e chuchou no molho da carne sob o olhar de reprovação da dona Neusa. Eu achei aquilo tão legal que não consegui esconder o sorriso. Peguei qualquer talher e mandei bala no assado.

Achei que afinal tinha rolado tudo bem aquela noite considerando as perspectivas iniciais. Pelo menos para mim e talvez pro sogro admirador de *jazz*, não para a Júlia que saiu de lá com um bico enorme e, quando chegamos em casa, foi direto para a cama. Dormir, claro. Outros episódios do tipo "você não faz parte da minha vida ainda" aconteceram por conta de tentativas de me afastar da Cris. Ela sempre tinha uma desculpa esfarrapada (criatividade verbal não era o forte da Júlia) para não convidá-la para os eventos em que eu estaria presente ou vice-versa. A maioria dessas tentativas não vingou. A partir de certo momento, a Cris passou a ser parte da nossa rotina. Foi inevitável. Eu ficava muito feliz por conseguir frustrar esses planos dissimulados da Júlia, mas nunca achei que isso faria ela se afundar em bolinhas tarja preta. Será que eu era o culpado, mesmo? Pode ser que eu esteja superestimando a minha influência na vida dela. Qual é o verdadeiro tamanho do "Aldo" dentro da "Júlia"?

Agora mais essa da reunião adiada e ela não me falou nada a respeito. Putaquemepariu, caralho. Quer saber? Vou estragar meu dia logo de vez. Vou tentar fazer ela falar.

Peguei as torradas, o café, coloquei tudo numa bandeja, num gesto bem romântico. Nada a ver com o clima de pau comendo que estava rolando.

– Júlia, o que está passando na sua cabeça? Tá na hora de você colocar pra fora.

Agora. Demorou.

– Ai, para, vai, me deixa. Hoje, não estou boa para isso.

– Você nunca estará boa para falar sobre nós, Júlia. Ninguém acorda um belo dia e diz, "Que ótimo dia para colocar pra fora minhas inseguranças e quebrar o pau com meu namorado. Bom dia, passarinhos". Que papo é esse de não me contar sobre o cancelamento da reunião? Eu tava numa puta torcida por você...

– Eu esqueci, pô.

– Esqueceu também de me levar pra jantar com seus pais nos últimos meses, esqueceu também de convidar a Cris para sair com a gente, esqueceu de me contar que está tomando remédio pra cachola, esqueceu que estou aqui, tentando ser seu namorado de verdade? Cacete, parece que eu é que sou a mulherzinha magoada nessa relação! Você tá me tratando que nem uma puta?

Após dizer isso, eu caí na gargalhada, pois achei que tinha sido uma colocação muito besta. Júlia também teve de cuspir o café para rir.

– Ahahahah... Aldo, o que está acontecendo é que você está

muito nervoso por causa do seu *show* amanhã. É isso que está te deixando neurótico. Para de me pegar pra cristo e vai trabalhar, porque quem está atrasado agora é você. Desencana, está tudo bem. Não faz tempestade em copo d'água.

– Tá, eu vou, mas esse assunto ainda dá pano pra manga. Me aguarde. Eu quero retomar desse ponto. Vê se para de tomar remédio pra doido e fuma um, é mais eficiente e menos nocivo. É natural.

– Tchau, Aldo...

Dentro do carro, resolvi colocar um CD do Van Morrison, *What is wrong with this picture?*, para me acalmar, enquanto as buzinas, fumaça preta e estresse rolavam soltos nas ruas. Tentei pensar no *show*, mas eu sentia um vazio melancólico e essa sensação sempre era o meu subconsciente dizendo "algo está errado, cara". E era algo errado com a mulher que eu amava mais que tudo na vida. Eu achava que sim. Será que era o começo do fim? Pensei que talvez eu devesse ajudá-la, e não socar a cabeça dela dentro d'água para colocar a minha à tona, num abraço de afogado. Era isso que eu estava fazendo.

Já no escritório, me recompus e encarei corajosamente a tela do Word por horas sem parar e tive um rendimento pífio. Pelo menos aquilo tinha servido para aplacar meus sentimentos. Foi então que resolvi deixar o trabalho pela metade. Eu queria chegar logo no estúdio, para poder fumar um cigarro, tomar uma cerveja e entrar no clima antes de tocar o primeiro acorde.

Estávamos nos preparando há muito tempo pra esse *show*. Seria marcante por dois motivos: o primeiro era a ressurreição da Tobogã, minha primeira banda, com formação original (Júnior nos vocais, Lau na bateria e Zappa no baixo); o segundo era, depois de tanto tempo, subir novamente num palco. O "Palco Barra Bar" era um *pub* ótimo, que me trazia muitas lembranças. Tanto boas quanto más. Era um bar legal para quem tocava e para quem ouvia. Bem frequentado, bom atendimento, público quente, cerveja gelada. Era um lugar não muito grande, mas bem bonito, com uma decoração meio irlandesa-de-butique. Além disso, tinha um camarim bem legal, onde o uso de cigarrinhos do diabo era liberado. O dono do boteco era um conhecido de longa data, o Seu Túlio .

– Fala, Aldo, beleza? Chegou cedo, cara. Pensei que você viria do trabalho.

– E aí, Zappa, belezinha? Saí mais cedo, hoje. Tô vendo que

já tá com a careca lustrada pro *show*, hein, negão? E o Lau, não deu carona pra ele?

– Dei. Tá conversando com o Júnior lá no camarim.

– Putz, espero que eles não se empolguem e troquem o ensaio pelo consumo daquelas paradas alucinógenas de novo. Não tô a fim de espantar elefantes cor-de-rosa voando pelo palco.

– Sei não. Eu apostaria que os elefantinhos já chegaram e estão à toda.

Júnior e Lau tinham uma relação complicada com as drogas. Isso me deixava inseguro, principalmente às vésperas de uma apresentação. Isso me fazia lembrar dos maus bocados que passei com o Júnior, tentando curá-lo de *bad trips* minutos antes de subir no palco. Um inferno.

– Ei, Aldo!

– Fala, Júnior. Tá pronto pra começar o barulho, velho? Vamos passar o som?

– Opa, com certeza. Mas, hoje tô a fim de começar cantando uma que nunca ensaiamos, beleza? – disse, enquanto eu acabava de instalar o meu equipamento.

O Júnior frequentemente tinha impulsos de *rock star*. Não sei como ele ainda não tinha jogado um móvel pela janela de algum hotel. Eu via nele um medo aterrorizante da rotina. Tudo sempre tinha de ser fresco, novo, desafiador, sem planos.

– Não inventa, cara. Faz o básico. – Nessa roda, às vezes, eu era o careta, o panos quentes, o ajuizado. Na verdade, o inseguro.

Júnior não disse mais nada até que Lau começou, chamando o ritmo da música na bateria. Júnior havia dito a ele de antemão o que ele queria cantar. Eu e o Zappa, que havíamos escutado aquela batida desde que descobrimos quem era John Lennon, entendemos o recado e começamos a tocar sem pensar. Puta som, tenho de admitir, apesar da letra que me dava arrepios.

– *Cold Turkey*! – gritou Júnior no microfone.

Ainda soávamos como uma banda de adolescentes, o que para uma banda de *rock* é um baita elogio. Júnior colocou os demônios para fora cantando aquilo e senti que estávamos fazendo algo que merecia ser gravado, eternizado. Mas eu tinha consciência de que minha visão não era imparcial e, muitas vezes, era enviesada a meu favor. Nem por isso deixei de me emocionar com o soco sonoro que aquela performance me deu. Emendamos a sequência programada do *set list* do *show* com uma de nossas canções. Nesse dia, pela primeira vez, eu entendi a letra que o Júnior havia escrito há muitos anos chamada *Antes Tarde do que Sempre*.

Ei, Deus, o que aconteceu com meu mundo imaginário?
E as férias de verão?
Não sei não, mas eu acho, mãe,
que agora eu cresci.
E me vi tão longe de mim.

Meu carro vai em vão e eu não tenho mais pressa,
nessa estrada sem direção.
O sol nasce e o tempo passa só pra me curar.
Como num filme que me faz lembrar

Que eu vi passar
na sessão da tarde
e me deu vontade
de te encontrar .

Não sei não, mas eu acho, amor,
que você já me deixou
sem dizer adeus. E fim.
Antes tarde do que sempre!
Eu vou te esquecer
e fazer uma canção pra mim.

Me lembrei do sofrimento da Júlia, pensei na minha infância, fiquei com saudades do meu irmão Jô. Me deu um frio na barriga de novo. Engoli em seco. Foi o nosso melhor ensaio desde o retorno. Talvez, o melhor ensaio desde sempre.

Capítulo 8

A CASA DO LAU era um pouco longe para quem pretendia carregar nas costas um amplificador valvulado de mais de quinze quilos e uma guitarra. Ninguém tinha carro, claro. Com dezessete anos, na maioria das vezes o melhor meio de transporte que você consegue ter é uma bicicleta. Pelo menos, era o meu caso. Por isso, eu havia combinado com o Júnior de encontrá-lo no ponto de ônibus.

– E aí, vamos?

– Oi, Júnior. Beleza? Me ajuda aqui. Leva a guitarra pra mim?

Eu gostava de caminhar pelas ruas do bairro e, mesmo carregando um volume tão pesado, aquilo me dava prazer. Provavelmente, nesse caso, por que eu estava indo em direção ao desconhecido: um ensaio com uma banda completa pela primeira vez. Nesses momentos decisivos, eu costumava ficar emocionalmente sensível, acho que por causa da adrenalina. Eu olhava para tudo ao longo do caminho que eu tinha percorrido inúmeras vezes e notava detalhes como se tudo estivesse acontecendo pela primeira vez e em câmera lenta. Vi uma gaiola vazia na frente da casa de uma senhora conhecida no bairro e concluí que o canário talvez tivesse morrido, ou a própria velhinha mesmo; um cachorro, que desta vez não latiu para mim, parecia doente ou muito triste; o barbeiro de sorriso cimentado no rosto, dormia na antiga cadeira "ferrante". O céu estava encoberto por nuvens, mas, naquele dia, meus pensamentos estavam piores que o tempo. A pergunta que me intrigava era: por que essa sensação melancólica me dava prazer?

Já no ponto de ônibus, acendi um cigarro.

– Dá um trago?

– Pô, Júnior, acende o seu. Detesto dividir cigarro, porque fica quente e mole.

– Dá um, então, fresco. Puta mau humor, hein...

– Não tô mal-humorado, não. Só melancólico.

– Melancólico?! Que bicha! Macho fica puto, não melancólico, porra.

– Para e pensa, cabeção. Você nunca nessa vida ficou melancólico, deprimido? Para de fazer "tipo" um minuto e responde.

– Sei lá, meu, talvez... uma vez meus pais viajaram e eu fiquei em casa com a empregada. Eu tocava o terror com ela quando meus pais não estavam. Um dia gritei com ela. Mandei ela tomar no cu por que ela riscou sem querer o meu disco importado do Led Zeppelin. Vixxx... caro pra caralho, aquela porra. E difícil de encontrar. Aí ela chorou. Nesse dia fiquei mal. Fiquei com dó dela, sei lá.

– Claro que ficou. É que você foge tanto de tudo que sente que nem se dá o direito de assumir que é um deprê de primeira. Sempre tentando mostrar que é o fortão, o bacanão, pra provar pra você mesmo que não é sensível. Mas é. Faz tudo isso pra se defender. Bota essa armadura de durão...

– Cala a boca, cara. Você fala muito. Parece uma menina, caralho. Blá, blá, blá, blá. Dá logo um cigarro aí e para de viajar. Parece um papagaio filósofo, ou psicólogo, psiquiatra, sei lá. Armadura de cu é rola!

Esperamos o lotação por 20 minutos em silêncio. Percebi que o Júnior estava pensando no que eu lhe disse, quando parou um carro bacana na nossa frente.

– Aí, galera, entra!

Eu e o Júnior não sabíamos, mas a mãe do Zappa deixava ele dirigir o Opala dela às vezes. Achei isso bom e ruim: bom porque não íamos pegar o lotação e ruim porque eu achava assustador uma mãe liberar o carro para um adolescente. Aquilo me dava medo e isso estava escrito no meu rosto de alguma maneira, porque o Júnior logo pegou no meu pé.

– Calma, filósofo, que cara de assustado! Papai do céu vai cuidar de você, nenê – disse, rindo. Eu provavelmente estava branco. Quando o medo aparecia e segurava a minha garganta pra valer, era assim. Eu estava com uma sensação de tragédia iminente. Mas meu medo de verdade não era proveniente da falta de habilidade e maturidade do motorista. Era algo muito mais complexo, mas que eu entendia e controlava bem. Em momentos como este, de sensação de que algo daria errado, eu sempre recordava de um período traumático na minha vida. E isso estava acontecendo agora, tendo como gatilho esse motivo idiota.

Com cinco anos de idade, eu fiz, ou melhor, tentei fazer, uma viagem com meus avós e meu irmão mais novo, o Jonas, para o interior de Goiás. Era um período do ano que deixava a gente eufórico. A ansiedade e felicidade tomavam conta só de pensar na diversão que nos esperava lá na fazenda. Era um lugar bucólico, sem nada de luxo ou com atrativos fora do normal. Mas para nós era Shangri-lá. No dia anterior à viagem, o processo da alegria já tinha começado. Fomos dormir na casa da vó, o que era um prenúncio de diversão pura. Eram seis horas da manhã quando ouvimos a vó Lola nos chamando.

– Meninos, chegou a hora! Vamos que o vovô já está esperando.

O carro do vô era uma Caravan branca, uma *wagon* um pouco velha. Era o maior e o melhor carro do mundo. Vô Nelson acomodava as malas em um bagageiro no teto e preparava uma caminha bem aconchegante com colchas de retalhos, no porta-malas. Aquilo era o céu. Conforto dez, segurança zero. A impressão que tenho é a de que nós, que fomos crianças na década de setenta e oitenta, somos autênticos sobreviventes. Podia tudo.

A estrada era longa. Mais de dez horas de expectativa e zona no porta-malas antes do sempre esperado pôr do sol com os cachorros, quando os peões recolhiam o gado.

Jô era uma criança mais quieta que eu, mais carinhosa. Sempre que minha avó descascava laranjas pra gente, ele se dispunha a levar as cascas para o lixo. Uma atitude rara em um moleque de dois anos. Esse fato, nas minhas lembranças, resume Jonas. É assim que eu me lembro dele. Mas a vida é dura às vezes e a nossa amizade, nossas brincadeiras, nossas brigas, nossa história, nossa viagem foram interrompidas bruscamente por um caminhão de cana em meio à fumaça de uma queimada na beira da estrada. A primeira coisa que me lembro depois de ter cochilado pela terceira vez, enrolado nas colchas de retalho, foi do rosto triste do meu pai que chorava muito e, ao mesmo tempo, esboçava um sorriso que teimava em não se abrir. E eu estava em uma cama de hospital e minha perna estava enfaixada. Doía um pouco, mas eu não reclamei. Eu tinha preocupações mais urgentes.

– Papai, cadê o Jô? Eu quero a mamãe.

Ninguém me respondia nada, ficavam apenas falando coisas que, para mim, pareciam sem sentido. Uma adulação sem fim. Não me diziam onde estavam o Jonas e minha mãe, até que eu comecei a chorar, também. Eu estava estranhando meu pai, ele estava esquisito. Foi então que ele me contou o que eu nunca queria ter ouvido:

– Filho, o Jô não vai voltar. Ele foi morar com o papai do céu.

Jô tinha sido lançado longe do carro através do vidro traseiro da Caravan que capotou após a colisão, como fiquei sabendo anos depois.

– Mas, eu quero ver ele...

– Não filho, agora só o papai do céu que pode ver o Jô.

– Eu quero a mamãe.

– Filhote, a mamãe não está aqui, ela logo vem ver você, tá? O papai vai ficar com você.

Neste momento, o vô Nelson apareceu na porta do quarto. Ele tinha uma bandagem na testa e um braço engessado. Me lembro claramente do seu rosto transtornado, porque lembrava uma expressão que eu havia visto no rosto de um ator, num filme ou novela. Nesse momento, eu percebi que estava acontecendo algo muito ruim e fiquei desesperado. Eu via um turbilhão de adultos perdidos e isso me deu uma sensação de desamparo e insegurança. O meu pai ter dito que o Jô estava com papai do céu não tinha me explicado nada.

Parecia que ninguém podia sorrir. O pavor tomou conta de mim.

– Eu quero o Jô, eu quero a mamãe! Papai, eu quero a mamãe.

Fiquei nesse escândalo sem freio, mas, é claro, não me lembro nem por quanto tempo nem qual a real intensidade. O que sei é que foi suficientemente desesperador para o meu pai resolver me levar ao velório, que acontecia ao lado do hospital.

Enquanto ele me levava no colo, eu via muitas pessoas conhecidas ao longo do caminho, e mesmo com os sorrisos faltando e as lágrimas sobrando em todas as faces, meu ânimo estava voltando. Não por conta das palavras do meu pai. Eu nem estava ouvindo. Mas pela reunião de rostos familiares.

– Filho, o papai vai mostrar pra você que o Jô está dormindo e não vai acordar, viu?

Ele foi morar com o papai do céu... – repetia insistentemente, com uma voz irreconhecível.

Paramos em frente a uma porta larga. Flores no chão, nas laterais, por todos os lados. Aquilo me animou bastante. Era tudo colorido e bonito. Minha mãe passou por mim, com as mãos no rosto, amparada pela minha tia Lúcia, que me beijou a testa rapidamente.

Algumas pessoas conversaram com meu pai sussurrando e eu estava assustado de novo.

– Mãe! Papai... eu quero a mamãe!

– Olha, Aldinho. O Jô está deitadinho aqui.

– Jô! Tira ele daí, papai! Jô... ele tá dormindo? Acorda ele, papai!

Foi então que meu pai percebeu que tinha feito a coisa errada. Me entregou para a minha avó, que estava ao lado, e ajoelhou-se em frente ao caixão branco. Minha avó me levou dali rapidamente e imediatamente começou a sorrir para mim, apesar do esforço que tinha de fazer por causa do seu braço enfaixado, falando de doces, brinquedos, parque de diversões. Disse que iríamos nos divertir muito. Que um dia encontraríamos o Jô, mas agora era pra gente deixar ele descansar um pouco. Me senti bem, me senti amado de novo. Alguém estava me vendo, alguém estava como eu conhecia. Tomamos um sorvete na padaria e dei um suspiro profundo, daqueles que as crianças dão depois de chorarem muito. Me senti imediatamente aliviado.

Passei alguns dias na casa dos meus avós, sentindo falta do Jô. A morte dele afetou minha mãe de tal forma que ela demorou semanas para conseguir se recompor e me levar de volta para casa.

Esse dia está marcado no meu cérebro com ferro em brasa. Nada apaga esse medo, que não é da morte, mas do abismo para o qual a morte leva os que ficam vivos.

– Pô, Aldo. Já chegamos e você não abriu a boca, cara! Tá branco! Tá passando mal?

– Nada não, Zappa. Às vezes, fico enjoado quando ando no banco de trás. Vamos nessa.

A casa do Lau era térrea e tinha uma edícula que ele chamava de estúdio. O "estúdio" de vinte metros quadrados tinha as paredes encobertas por caixas de ovos e pôsteres de *rock*. Um do Led Zeppelin, outro dos Mutantes, outro do Rush. Todos eles saídos da revista *Somtrês*, saudosa peça editorial adorada pelos roqueiros na época, por ser a única publicação acessível e decente que abordava esse tema. Era um ambiente muito, muito agradável, com uma *good vibe* impressionante. Tanto que as nuvens negras nos meus pensamentos se dissiparam como que por encanto.

Tomadas conectadas, *plugs* espetados nos instrumentos e... "Tome *rock*". Foi um êxtase de cinco horas de barulho ensurdecedor, a coisa mais divertida que eu tinha feito na vida. Foi como na fazenda em Goiás, com o Jô. Me senti feliz demais por estar participando daquilo e eu via a mesma opinião nos dentes à mostra dos outros. Sorrisos brotaram principalmente quando acabamos de tocar *Jump Jack Flash*, dos Rollings Stones, e o Lau comentou animado, com os olhos tomando quase toda a área das lentes dos óculos:

– Caraio, pessoal! Foi muito bacana, hein! Me lembrei quando eu descia no tobogã do parque quando eu era criança... foi parecido!

Rimos muito daquela expressão insana e espontânea.

– Tobogã! Aahahahah... pode ser o nome da banda! – disse o Júnior, com a voz rouca.

– Nome esquisito, mas por mim tudo bem. – eu disse.

– Pode ser, se a gente enjoar, depois a gente muda – disse calmamente Zappa.

Fumamos um baseado juntos, menos o Zappa, e depois fomos cada um para a sua casa. No carro, falamos pouco, nem lembro o quê. A trilha sonora era um profundo *píííííííííííííííííííí* causado pela orgia musical.

À noite, deitado na cama, concluí que tinha sido um dia memorável, daqueles que eu levaria comigo pro resto da vida. Agora, eu tinha uma banda de verdade.

Olhei pro relógio do Mickey, que um dia tinha sido do Jô, senti saudades dele.

Dormi satisfeito.

Capítulo 9

– ALÔ, CRIS? É a Jú.

–...

– A Jú... tô sussurrando porque não quero que o Aldo escute.

– ...

– Não, ainda não dormi.

– ...

– Tarde, né... desculpa. E você? Estava dormindo?

– ...

– É que eu estou meio triste, sei lá. Deu saudades, e como sei que você dorme tarde...

– ...

– Agora? Mas, o que eu vou dizer pro Aldo?

–...

– Tá. Tudo bem. Dou um jeito.

–...

– Tá bom. Te encontro em meia hora aí, então. Beijo.

Já passava das vinte e três horas de uma terça-feira normal. Apesar de estarmos ainda no fim do inverno, parecia uma noite de verão. Céu nublado e temperatura agradável. Eu estava deitado no sofá da sala, vestindo apenas cueca, com os fones de ouvido tapando as minhas orelhas, sussurrando a melodia que eu ouvia e tragando meu Marlboro. Uso daqueles fones grandes, que tem melhor fidelidade sonora. Figuraça.

“Como a Júlia aguentava aquelas cenas?”

O CD havia acabado bem naquele momento e, por acaso, ouvi o que a Júlia falava ao telefone. Ouvi quase o papo todo, eu acho. Me fingi de morto e deixei rolar para ver onde aquilo ia dar. Eu estava entrando numa fase "quero ver o circo pegar fogo" desde que tentei, pela milésima vez, conversar sobre o nosso relacionamento moribundo e não obtive resposta, a não ser o eco da minha voz cansada e nervosa.

Ela não demorou a aparecer na sala. Fez um gesto que deixou claro que queria falar comigo. Tirei os fones.

– Aldo, vou dar uma saída, tá?

– Mas a essa hora? Assim, de repente? Vai onde?

Eu queria ver até onde ela era capaz de levar uma mentira. Quantas vezes será que ela já mentiu pra mim? Tantas quantas eu menti pra ela?

– Ah, eu não tô legal... acho que estou ficando gripada ou sei lá o quê. Vou dormir na casa da minha mãe. Assim, ela me dá aqueles remédios caseiros dela.

– Gripe...

– Não sei se é gripe, Aldo. Só quero dormir lá hoje, dá licença?

– Ué, vai! Desculpe por me preocupar com você – falei, com um ar cínico.

– Preocupar ou tesourar?

– Só se eu for do tipo tesoura cega, porque cortar você é uma coisa que nunca consegui. Você sempre faz o que dá na telha.

– Tesoura, talvez. Cego, com certeza.

– Ah, cego né? O que eu não vejo? Você podia ser uma cadela-guia pra mim hoje? Por favor?

– Não baixa o nível, Aldo.

– O que eu não vejo? Que você está numa crise profissional infernal, se afundando em Prozac e fingindo que o macaco de cueca aqui não existe? Que inferno de vida é essa, porra?

– Não, cego porque é um macaco de cueca, e furada, diga-se de passagem, que não enxerga que eu também sofro, que também tenho limites, que também gosto de ser criança às vezes, para variar. Vamos trocar de papel, que tal? Eu me torno adolescente e você o responsável.

– Tá furada, é? Onde?

– Na bunda.

– AHAHAHAH

– AHAHAHAH

– Merda, detesto rir quando estou nervoso. A gente sempre acaba rindo quando briga e não chegamos a lugar nenhum. Vai logo, vai, Júlia. Não tô a fim de mais discussão hoje. Foda-se o que eu penso. A vida é sua mesmo, não é?

Ela estava disfarçadamente eufórica e não resistiu em colocar uma camisa decotada e um pouco de perfume. Foi uma cena lamentável. Naquele momento, eu soube que ou ela me achava completamente cego mesmo ou achava que eu não estava mais me importando nem um pouco com ela ou comigo. Muito menos com o que vivíamos juntos. E ela estava completamente errada, fosse qual fosse a alternativa. Para provar isso pra mim mesmo, resolvi que eu descobriria o que rolava entre aquelas duas. E, dessa vez, o meu plano não tinha sutilezas. Aprendi com o Júnior como "tirar o esparadrapo da ferida" há muito tempo. Peguei o telefone assim que a Júlia fechou a porta do elevador (eu conseguia ouvir isso da minha sala).

– Alô, Cris? É o Aldo.

– Aldo!? Tudo bem? Aconteceu alguma coisa?

– Acho que sim... desculpe a minha intromissão nos seus assuntos particulares sexuais mas, sem querer, eu ouvi a Júlia falando com você no telefone. Então, achei que já não era tão particular assim.

– Putamerda Aldo, você é foda mesmo! Que sexuais o quê, cara. Parece criança. Ouviu sem querer, né? Imagino.

– Pior que foi sem querer. Não teria por que mentir. Eu estava de cueca furada com fones de ouvido, mas não estava rolando música nenhuma. Uma fatalidade. Ou melhor, duas: a cueca furada e a escuta.

– Cueca? Fones? Cara, como você consegue ser tão inconveniente e irônico ao mesmo tempo? Não importa. Não te devo explicações, mas se quer saber, a Júlia vem aqui porque precisa desabafar com uma amiga. Você deve ter ouvido ela dizer isso. Seja mais sensível, finja que não ouviu e vá dormir. Na boa. E, cá entre nós, ver você de cueca furada com fones de ouvido deve ser assustador. Vai ver ela fugiu de pavor. Ahahahah.

– Tá, foi engraçado. Mas olha, eu não sou irônico, Cris. É só um tique nervoso incontrolável: começo a fazer piadas quando estou puto. É incontrolável mesmo, um inferno. Mas, voltando ao assunto principal, o que eu ouvi foi a minha namorada se derretendo como manteiga, dizendo que estava com saudades de você. Depois disso, acho que meu sono só seria “na boa” se eu tomasse as bolinhas tarja preta dela.

– Ah! Quem é o ciumento, agora? Para com essa infantilidade, vai! Não é você que vive se gabando de ser um cara super seguro e tal? Cadê?

– Não, Cris, você não está entendendo. Não estou inseguro, não quero brigar com você e muito menos com a Júlia. Pra mim, isso é uma coisa muito mais importante que uma crise de ciúmes dessa brincadeirinha de vocês. Eu preciso é saber já se a Júlia pensa que eu sou cego mesmo ou se de fato ela acha que eu não a amo.

– Quê? Brincadeirinha?! Ahahaha. Você é foda. Sorte sua que eu gosto de você, apesar dessa sua boca-mole e dessa cabecinha cheia de minhoca. E lá vem você com suas questões filosóficas de merda... Explica isso direito, vai. Que papo é esse de cego, sei lá?

– Não vai se sentir ofendida, né? Seja inteligente. Eu é que deveria me ofender por você ficar tentando roubar a minha namorada. Mas não, achei melhor ser bem objetivo porque acho que você não é uma pessoa passional e pode me entender numa questão maior. Entenda... ela dá tanta bandeira de que vocês se gostam, que me fez concluir que uma das duas coisas ela acha, certo? Ou me acha uma besta cega ou acha que quero que ela se foda. Porque, na verdade, ela não tem como saber que eu não me importo em dividi-la com você, já que ela nunca quis desenvolver o assunto. Traduzi?

– Senhor superseguro e seu pensamento binário de macho... você não se importa? Aldo, vê se entra isso na sua cabeça: uma mulher nunca será decifrada de uma maneira tão simples. Imagine duas juntas, então. Você tem que sentir e não só racionalizar, como música. E nessa hora, meu amigo, se eu tenho sangue nas veias, se sou humana eu sou também passional. Eu apenas sei disfarçar muito bem. Você, não.

– Bom, ao menos agora já tenho certeza de três coisas. Eu não estou louco, vocês transam mesmo e sou uma besta cega. Faltou saber o que pensa quem mais me importa, a Júlia. Vai me ajudar a descobrir ou não? A verdade faria bem pra nós dois, concorda?

– Se você é louco ou não, acho que eu não me atreveria a arriscar uma resposta fácil. Acho que não. Eu gosto de você, Aldo, de verdade. Acho você um cara de bom coração e verdadeiro.

E a Jú te ama muito, pelo que eu saiba. Por outro lado, nós (eu e a Júlia) sabemos muito bem separar as coisas, acredite nisso. Por isso, vou te dar um conselho: vá dormir e tome as bolinhas se for preciso. Não tenho como falar mais sobre esse assunto com você sem a presença da Júlia. Seria inapropriado e ridículo. Eu prometi. Não vá fazer nenhuma besteira...

– Besteira do tipo "mandar a Júlia à merda" ou besteira tipo "me enforcar com a cueca"?

– Ahahahah... você continua puto. Quero dizer, "aparecer aqui em casa dando chilique", por exemplo. Ou algo do tipo, sei lá.

–Tá maluca? Não quero que a Júlia pense que a estou seguindo pelas ruas que nem um psicopata. Seria uma situação absurda. Eu não sou assim. Somos pessoas civilizadas, lembra? Meu humor tá pior que humor de rato preto, mas eu não chegaria a tanto. Nunca.

– Civilizados demais pra minha cabeça. Não estamos num filme do Woody Allen, isso aqui é vida de verdade, cara. Quando ela chegar eu vou contar que você ligou e vou explicar a situação. Conheço a sua mulher melhor que você.

– Você quis dizer NOSSA mulher, né, Cris?! Sabia que você ia contar. E, já que você comentou, eu adoro o Woody Allen e acho que nem você consegue saber o que se passa na cabeça da Júlia. Se você está mesmo apaixonada por ela, como eu acho que está, também deve estar enlouquecendo como eu.

– Talvez, mas isso não importa agora.

– De qualquer maneira, foi bom desabafar.

– Tá. Então é isso. Tchau.

Fiquei irritado pelo motivo mais besta que alguém podia encontrar para ficar irritado nesta situação. Sempre que eu achava que tinha tomado uma atitude radical e genial, a Cris me desbancava. Não era a primeira vez que isso acontecia. Menina esperta. Ela acertou na cabeça, eu estava louco para ir até a casa dela e ter um chilique. Talvez isso tenha sido o primeiro indício de que, no momento, eu estava mais preocupado em espantar a Cris do que em me acertar com a Júlia. Ou talvez, inconscientemente, eu estava mesmo tentando mostrar para as duas que eu era um macho superseguro, como disse a Cris.

Pra pensar mais no assunto, aproveitei que estava sozinho e coloquei para rolar no som uma coletânea do Ray Charles, da melhor fase de sua carreira, na qual as músicas orquestradas pareciam de um Frank Sinatra de alma negra. Ajustei logo na faixa *Ruby* e aumentei o volume o suficiente para poder escutar no banheiro. E isso significava muito alto. Fiquei romântico instantaneamente, mas no meu "romance porco chauvinista" eu estava apaixonado por duas encantadoras mulheres que transavam lindamente. E a minha meta suprema era cair na cama com elas. Eu jamais admitiria isso verbalmente, mas era a pura verdade. Eu queria apenas sorrir para a vida e esperar ela sorrir de volta para mim. Fui até o armário, escolhi uma roupa bem bacana. Tomei um banho demorado, enquanto torcia para que o Maverick não me deixasse na mão. Me olhei no espelho rapidamente. Eu não conseguia me encarar. O que eu sentia me envergonhava.

Já no elevador, encontrei uma vizinha e seu cachorrinho. Era uma garota linda, de traços orientais que por alguns segundos me fez esquecer pra onde eu estava indo.

– Oi, tudo bem?

– Tudo.

– Tchau.

– Tchau.

Desci no térreo junto com ela, mas me lembrei subitamente que eu estava indo para o subsolo, rumo a uma missão impossível. Voltei ao elevador simulando ter esquecido algo no apartamento e desci para a garagem. O carro não pegou, mas hoje pegar um táxi não era uma alternativa. "Nem fodendo!" Arregacei as mangas, levantei o capô e, após meia hora de mão na graxa, desconectando e conectando de volta os cabos aleatoriamente, o carro resolveu colaborar.

Saí com mil planos mirabolantes na cabeça. Quando isso acontecia, fatalmente nenhum deles dava certo. Na verdade, na maioria das vezes, nem chegavam a se transformar em ação.

O que aconteceu, então, seria cômico se não fosse trágico.

Dirigir o Maverick era um prazer, especialmente naquela noite em que, depois de me fazer brincar de mecânico na garagem, ele estava sendo bonzinho. Fui até uma loja de conveniência comprar cigarros e uma garrafa de vinho. Como não entendo nada de vinhos, peguei o mais caro da loja, o que não significa que eu tenha gastado muito. Parei em frente ao edifício onde a Cris morava, do outro lado da rua. Seu apartamento ficava no terceiro andar e tinha uma porta-balcão envidraçada na sacada, coberta apenas por uma cortina leve através da qual eu podia ver dois vultos humanos. O carro da Júlia já estava estacionado ali na rua também, logo notei. Então, as silhuetas eram dela e da Cris, com certeza. Agora, eu precisava de coragem para tocar aquela campainha e dizer, “Oi! Alguém ai está a fim de realizar as fantasias de um macaco egocêntrico insensível tarado filhodaputa de cueca furada?!”

Quando pensei nisso, caí na real. Era exatamente aquilo que eu queria fazer e era exatamente aquilo que eu seria, (um macaco egocêntrico etc.), caso tivesse a cara de pau de tocar aquela campainha. “A Cris tem razão. Eu sou uma besta”, pensei. Me acomodei no banco do carro e resolvi abrir o vinho, decepcionado com o que eu faria e por não tê-lo feito. Era uma boa comemoração, aquela.

De fato, todos os homens, apesar das aparências, ainda carregam um coração neandertal. A diferença é que alguns conseguem aplacar a vontade animal de meter o tacape na cabeça da fêmea. Ou das fêmeas.

Um tacape seria bem mais simples.

O problema é que neandertais não sabem abrir uma garrafa de vinho sem um saca-rolhas. Abri a porta do carro e, num movimento mal calculado, bati o pescoço da garrafa no meio-fio levemente. Não funcionou. Saí do carro e, dessa vez, mais resolvido, bati de novo, com força controlada, no poste. Fez mais barulho do que eu podia imaginar. A rua estava completamente deserta. Num susto, entrei no carro e verifiquei se a garrafa ainda estava em condições de me fornecer um pouco de álcool. Estava, mas ela não aceitaria minha boca em seu gargalo pontiagudo sem cortar-me os lábios fora. E, talvez, se eu não tivesse sorte, até perfurar alguns órgãos do meu aparelho digestivo com uns caquinhos de vidro. Eu queria beber aquilo mas, ao mesmo tempo, não queria perder um segundo de silhuetas na janela e nem acabar com o cu em farrapos. Sem pensar muito na idiotice, abri os botões da camisa e, formando com ela um tipo de coador, filtrei o vinho, amparando o resultado em uma latinha de Coca-Cola vazia e amassada que estava há uns dias no chão do Maverick. Agora, sim, eu podia me embebedar tranquilo.

Quando voltei a minha atenção novamente para o programa principal da noite, as silhuetas simplesmente tinham desaparecido. E fim de *show*. Foi tudo que eu vi. Liguei o som do carro e continuei bebendo. Eu esperava estar em outra situação, mas tudo o que eu tinha conseguido era vinho vestido de Coca-Cola e vista privilegiada para uma cortina.

Lembrei do último *show* do Tobogã, no Palco Barra Bar. A Cris estava lá, linda e sozinha, exceto pela companhia da Júlia. O Eduardo (namorado, agora ex) já era carta fora do baralho. O bar estava muito lotado, e os aplausos delas duas me pareceram muito sinceros e empolgados. Aquilo tinha feito meu dia. Me senti "o cara". Elas estavam tão bêbadas que nem perceberam que, depois que foram ao banheiro juntas, a Júlia voltou com o batom meio borrado e a Cris com um sorriso de Monalisa. E eu achei aquilo lindo.

Será que alguns têm a capacidade de se apaixonar por duas pessoas ao mesmo tempo? Essa é uma questão pouco discutida, talvez um tabu gigante que ainda teime em frear um estudo sério. Ou, talvez, eu seja ignorante no assunto e simplesmente não saiba das dezenas de livros disponíveis sobre isso. Não sei. O fato é que eu acho que isso estava acontecendo comigo e com a Júlia também. Paixão dupla. Afundei-me no banco do carro, no vinho e nas minhas filosofias baratas, o que me fez adormecer profundamente. Só acordei com as batidas desesperadas da Júlia no vidro do carro, algumas horas depois.

– Ã... Júlia?

– Aldo! Peloamordedeus! Você se machucou? O que você fez?! – Gritou.

– Ah, não, isso na camisa é vinho. Tá tudo bem. Jú, deixa eu explicar, eu não queria te espionar...

– Putamerda! Que susto, seu idiota! Esquece isso. Abre aqui.

– Jú, me desculpa, eu...

– Eu sabia o tempo todo que você estava aqui. A Cris viu o seu carro da janela. Eu achei que você ia bater na porta e me dar uma lição de moral. Fiquei só esperando. Mas, mais uma vez, você me surpreendeu.

– Eu não faria isso.

– Não bateria na porta da Cris?

– Bateria, sim. Mas não te daria uma lição de moral.

– Tonto. Que bom que você não se machucou. Que susto... poxa.

Era quase de manhã. Eu não sei por qual motivo, mas a Júlia estava agora com uma expressão bem tranquila. Normalmente, numa situação dessas ela estaria com uma tromba de três metros.

Dirigiu meu carro de volta para o apartamento sem dizer mais nenhuma palavra. Mal chegando lá, arrancou a minha roupa e transamos bem devagar, aproveitando cada segundo, como não fazíamos há tempos. Eu senti o corpo dela de uma maneira diferente. Parecia que estávamos misturados um no outro. Nossas bocas não se desgrudavam.

O mais estranho de tudo, porém, foi que pela primeira vez ela me disse algo que jamais pensei que ouviria dela. Fiquei perplexo, porque eu simplesmente achava que ela fosse incapaz de verbalizar um sentimento.

– Aldo, eu te amo muito.

Em vez de curtir o momento, o que me veio na cabeça foi: "Se ela me disse isso hoje é porque ela é capaz de fazê-lo, ao contrário do que eu pensava. Então, isso significa que, até hoje, ela não tinha certeza de que me amava". Talvez eu fosse inocente. Ou neurótico. Ou ambos. Mas eu não estragaria aquela noite discutindo isso com ela. Uma coisa eu tenho certeza de que não sou: burro.

Esperei a Júlia adormecer e liguei pra Cris.

– Oi, Cris.

– Oi, Aldo.

– Desculpe e obrigado.

– Não esquenta. Vai dormir.

Capítulo 10

SERIA O PRIMEIRO *show* do Tobogã. Estávamos preparadíssimos. O ginásio da escola estava lotado. Trezentos e tantos adolescentes amontoados, prontos para aproveitar uma falha nossa e usar isso contra mim pro resto da vida. Por outro lado, poderia ser a minha redenção. Meia hora antes da entrada, fomos para o camarim improvisado atrás do palco, enquanto a outra banda já esquentava o público. Um cubículo com cheiro de mofo, cheio de objetos caindo aos pedaços jogados de qualquer maneira nos cantos. Um sofá muito sujo vermelho queimado com dois lugares, encostado em uma das quatro paredes amareladas e sem janelas, era o único lugar além do chão onde podíamos nos sentar para afinar os instrumentos e relaxar um pouco. De lá podíamos ouvir a *performance* da banda Expresso, que, por decisão deles mesmo, resolveram se apresentar antes da gente. Isso por conta de outro *show* que fariam ainda no mesmo dia. Ironia do destino ou não, o fato era que a banda preferida da escola estava fazendo a abertura pra gente. Outra coisa importante era que o *show* não estava sendo dos melhores, pois os substitutos do Lau e do Zappa não estavam à altura, na minha opinião. E a julgar pelos aplausos tímidos, a opinião da plateia era a mesma.

– Bom, galera, é agora. Chegou a nossa vez de arrebentar – disse Júnior, pra lá de Bagdá. Muita cerveja, maconha e sei lá mais o que tinha rolado o dia todo.

– Vai ser mole, a Expresso tá mal pacas – berrou Lau, de algum lugar mais longe que Bagdá.

Zappa estava concentrado, repassando as músicas no contrabaixo desligado. Parecia em transe.

Eu, quase mijando nas calças e com um gato arranhando a minha barriga por dentro, tentava me distrair, pensando em coisas não relacionadas como equações de segundo grau, por exemplo. Mas isso não estava ajudando em nada. Então, peguei uma lata de cerveja do Júnior e bebi quase num só gole. Reacendi também um baseado. Isso, sim, funcionou. Me desliguei tanto que só fiquei em pé quando, nos alto-falantes, ouvi a voz do apresentador:

– Agora com vocês a estreia da noite. Tobogã!

A adrenalina subiu rápido. Fiquei tão sóbrio quanto minha mãe. Parecia que, naquele momento, o tempo estava passando muito devagar e os cinco minutos que demoramos para *plugar* os instrumentos nos amplificadores pareceram duas horas. Olhei a plateia e a maioria estava conversando, sem dar importância ao que acontecia com a gente. Imaginamos antes que isso pudesse rolar, que seria difícil chamar a atenção e, pelo jeito, o Júnior tinha um plano para ir contra essa receptividade pouco calorosa, pois foi logo encarando o público com um berro:

– Cuzões e cuzonas da Escola Estadual de Segundo Grau João Américo! Hoje vocês vão ouvir *rock'n'roll* de verdade! Vamo botá fogo nessa porra!

Depois encheu a boca de cerveja e cuspiu na galera. Lau já começava a contagem pra abrirmos com *School's Out* do Alice Cooper, claro. Havíamos combinado que tocaríamos o mais alto possível. Os instrumentos soaram como uma parede que desmoronou sobre a galera.

Aquela química que havia nos ensaios estava presente também no palco, sem dúvida.

À medida que os acordes barulhentos inundavam o ambiente, minha cabeça saía do prumo. Meus dedos pareciam que sabiam o caminho a percorrer no instrumento, mesmo sem ajuda do meu cérebro. Nem perdi o ritmo quando tive de desviar duas vezes de latas de refrigerante arremessadas com precisão em direção à minha cabeça.

Todos começaram logo a pular e dançar. Depois de três músicas emendadas, sem pausa para respiro, paramos. Foi aí que eu pude sentir o que é ser aplaudido de verdade. Aqueles caras que não me escolhiam para o futebol e aquelas meninas que nem sabiam que eu existia e mesmo os que jogaram as latinhas no palco estavam ovacionando a minha banda! Agora, sim, eu era alguém naquela escola. Eu percebi que o sentimento de superioridade, naquela posição ditatorial acima dos súditos, era possível até em mim. Quando percebi que tínhamos poder, mesmo que limitado e por um minuto, o egocentrismo tomou conta de mim e me senti o rei da cocada preta. Típico de uma besta.

Continuamos a sorver aquela energia por mais cinco ou seis músicas. Júnior, já sem camisa, suando como um porco, não parava de falar absurdos em todos os intervalos entre as canções. E a receptividade do público era proporcional à quantidade de palavrões que ele urrava. Foi então que, sem aviso, os amplificadores ficaram mudos. Não eram mistérios da eletricidade nem a Lei de Murphy se fazendo presente de novo. A verdade foi sussurrada pelo técnico de som no ouvido do Júnior, que logo gritou a péssima notícia para todos. Já sem microfone.

– Foi o diretor que mandou desligar a energia do palco! Foi o diretor!

Era tudo o que a gente precisava para virar mito na escola. O diretor tinha acabado de nos dar a primeira lição de *marketing* para o *show business*, mas só descobriríamos isso bem depois. Naquele momento, a gente queria ele bem morto. Fizemos um escândalo, pedindo que religassem tudo. A galera gritava em uníssono "FILHODAPUTA, FILHODAPUTA" em vão. O *gran finale* foi o Júnior mostrando a bunda. A plateia veio abaixo.

Assisti a tudo como se não fosse comigo, lá, parado, com a guitarra pendurada no pescoço. Eu achei que seríamos expulsos da escola, uma ameaça que não se concretizaria, pra nossa sorte. Apenas o Júnior tomaria um gancho de uma semana.

Desatei a rir de repente, acho que de tão nervoso que fiquei. O tempo congelou de novo e tudo ficou silencioso pra mim quando, ao olhar para aquele monte de cabecinhas agitadas no gargarejo, meus olhos encontraram os olhos da Júlia. Ela estava me olhando, parada ali, indiferente a toda aquela zona ao redor. Me senti um ratinho pelado.

"Por que ela fazia isso? Será que ela não gostava do Júnior? Será que fazia apenas por que ela me queria aos seus pés? Eu não sabia a resposta, mas adorei, porque, como nunca antes, vi desejo naquele olhar de coruja. Eu tive a sensação de que ela me queria naquela hora, na cama dela."

Naquele dia, eu não precisava dela. Eu não podia ficar me derretendo, esperando que, por um milagre, ela me arrastasse até o banheiro mais próximo e tirasse a minha roupa. E mesmo que essa insanidade maravilhosa rolasse, ela era namorada do meu melhor amigo. Nem pensar. Hoje era o meu primeiro dia na pele de aluno popular. Eu precisava de sexo sem complicações e rápido, para coroar a minha conquista. Para isso, além de sorte, eu precisava trabalhar. Eu estava cansado de ser juiz em todas as partidas da minha vida e essa me parecia uma oportunidade de ouro para marcar o meu primeiro gol.

Quando desci do palco, dei de cara com a Cris, que já se aproximou falando qualquer coisa que não ouvi. Fiquei atrapalhado quando a vi com aquela maquiagem bacana e aquele cabelão de comercial de xampu. Uma loiraça!

Imediatamente, ela se tornou meu alvo.

– Ei, Aldo. Pra alguém bobo, até que você manda bem nessa guitarra, hein?

– Bobo?

– É. Bobo. Você não tem muito jeito com as meninas, não é? Não esqueço as grosserias que você disse pra Júlia aquela vez. Coisa de bobo.

– É, nem tenho o que falar. Você tem razão. Preciso deixar de ser bobo. Preciso de uma professora. Quer se candidatar?

– Ahahahah... sutil como pata de elefante!

– Vamos sair para beber um pouco, vai. O Zappa está de carro. A Júlia também deve ir com o Júnior. Vamos?

– Tudo bem. Hoje estou a fim de encher a lata, mesmo.

Zappa também tinha uma namorada. Fomos os seis, deixando o Lau no pátio da escola tentando arrastar uma perdida qualquer pra casa. No carro, o espaço era pouco e, sem cerimônias, a Cris sentou no meu colo. Sem dizer nada, naturalmente. Isso me deixou apaixonado por ela instantaneamente. Logo paramos num lugar que o Zappa conhecia, com iluminação boa para namorar. E essa é a única característica do lugar que eu me lembro.

Sentamos numa mesa redonda e começamos a pedir tequila para comemorar o sucesso do *show*. Lambi um monte de limão e sal, querendo lamber a Cris. O Zappa não bebeu. Eu estava errado, afinal, em julgar a mãe dele por lhe emprestar o carro. Ele era responsável mesmo. Estava maneirando para dirigir depois. Em compensação, não demorou muito para o Júnior sair do bar e se instalar perto do poste para vomitar e tomar ar fresco. Júlia, sem seu par na mesa, olhava para mim e para a Cris com um jeito de pânico disfarçado. Parecia que estávamos fazendo algo que a estava incomodando imensamente. Cada vez que eu acariciava os cabelos da Cris ou tentava lhe roubar um beijo ou cochichava algo em seu ouvido a Júlia torcia a boca e fechava os olhos num gesto de desaprovação. Um ciúmes infantil. O mais engraçado é que eu podia jurar que a Cris estava adorando aquilo. Parecia que o desconforto da Júlia estava esquentando as coisas.

A essa altura eu já estava louco para arrancar a roupa da Cris, com ou sem Júlia por perto, e ela sabia isso. Ela me deixava completamente à vontade. Quando, embaixo da mesa, eu escorreguei a mão na sua coxa até sentir na ponta dos dedos o tecido da sua calcinha, ela colocou a boca perto da minha e eu a beijei.

– Vamos pra minha casa? Ela disse, baixinho, depois de alguns amassos.

– Sua casa? E seus pais?

– Eles estão viajando, a empregada deve estar dormindo. A gente entra e vai direto pro meu quarto. Não é legal a gente ficar se pegando aqui.

Tremi. De desejo e de ansiedade. De medo de broxar.

– Claro, vamos. Mas temos que esperar o Zappa para nos dar uma carona.

– Vamos de táxi, eu pago.

– Tudo bem, porque minha grana só vai dar pras tequilas.

Cris se despediu da Júlia com um beijo no rosto e um abraço demorado. Disse alguma coisa em seu ouvido.

No rádio do táxi estava rolando uma sessão de música motel que eu adorei. Uma canção do Marvin Gaye incrível me marcou: *Sexual Healing*. A Cris estava infernal e foi logo colocando a mão dentro das minhas calças sem se importar com o motorista que, de vez em quando, disfarçadamente nos olhava no espelho retrovisor. Consegui manter meu pinto dentro das calças por pouco. O carro parou, a Cris logo pegou o dinheiro, entregou e não esperou o troco. Estávamos apressados e, pela primeira vez na vida (hoje era a noite das primeiras vezes), entendi como é bacana sexo no elevador. Pura diversão e prazer.

Cris abriu a porta do apartamento silenciosamente. Dei de cara com um puta *duplex*, moderno, gigante. Atravessamos a sala devagar e quietos. Para chegar até o quarto, teríamos que subir uma escada acarpetada, longa demais para o nosso tesão. Nos atracamos ali mesmo, sem emitir um som, encostados na parede. A Cris foi logo tirando a saia, a camiseta, a calcinha. Quando eu parei para pensar, ela estava só de sutiã, ajoelhada na minha frente. E eu com as calças arriadas até as canelas. Aquilo foi tão bom que gozei sem avisar. Fiquei meio sem jeito, mas a Cris logo me vestiu, se vestiu, me pegou pela mão e me levou à cozinha. Abriu a geladeira enorme.

– Coca-Cola?, perguntou, já me puxando de novo, desta vez escada acima.

O quarto dela era comum, de adolescente. Quase infantil, com uns ursos de pelúcia em cima do armário, mas muito aconchegante. Ela acendeu um incenso, fumamos um baseado e fizemos sexo como se faz esporte. Depois, como se faz meditação. Depois como se faz só por fazer. Ela era uma menina diferente das outras, muito mais esperta e madura. Ficava completamente à vontade e fazia tudo parecer fácil e natural.

– Aldo, já percebeu que tudo nessa vida gira em torno de sexo?

– Não sei, Cris, nunca parei para pensar nisso.

– Vamos fazer um jogo. Você diz algo que você faz e eu te digo o motivo, ok?

–Tá. Deixa eu pensar.

– Não pense. Qualquer coisa.

– Sei lá. Tocar guitarra serve?

– Você toca pra conquistar autoconfiança, *status* e respeito, pra conquistar uma garota bacana, pra conseguir sexo. Hoje você tocou na escola e tá aqui me comendo. Diz outra.

– Ahahahah! Mmmmm... estudar.

– Você estuda para poder ter informação, para ter um emprego, para conseguir dinheiro, para conseguir comprar coisas, para te dar *status*, pra conquistar ou impressionar uma garota bacana, para ter sexo.

– Ahahahah... você está sendo radical.

– Não... quer continuar? Te provo que não.

– Sei lá... que mais eu faço? Escuto música.

– Você escuta música porque te dá prazer, porque as músicas te trazem lembranças ou sentimentos que te fazem lembrar alguma situação, que te lembra alguém que você queria comer ou comeu. Sexo.

– Não. Isso não é verdade. Forçou. Muitas vezes eu escuto música pelo puro prazer de ouvir, mesmo. Mulheres, sim, normalmente gostam de determinadas músicas que lembram algo ou alguém. Eu escuto por escutar. Por que gosto. Músico consegue simplesmente curtir uma música pelo que ela é.

– Que legal! Parabéns! Eu, não. Sempre acabo pensando em sexo, ahahahah.

Falando nisso, vamos ouvir um som?

– Vamos. O que você tem aí?

– Tenho muita coisa, mas vamos ouvir um disco novo que meu pai me deu, muito louco. Você talvez goste. Miles Davis. Conhece? – disse tirando a bolacha de vinil do envelope. – Acende essa erva ai pra gente?

– Tá. Só ouvi falar que ele é fodão. Seu pai te deu? Caralho! Meu pai nunca me daria algo assim. Ele mal tem tempo pra falar comigo e depois, ele acha que a música está me tirando o foco. Ele disse que sou obcecado pelas coisas erradas.

– É... mas pai é pai. Mesmo que ele te dê um disco do Miles Davis.

– Mas seu pai não te incentiva a fazer as coisas que você gosta?

– Nem eu sei do que eu gosto... Esse lance que você tem, isso de ser obcecado por música, é uma coisa que nem entendo. Acho que a maioria das pessoas não são assim.

– Miles Davis provavelmente era. Ouve só esse som... putaqueopariu! Será que o pai dele o incentivou?

– Não sei... mas sei que o Michael Jackson é incentivado pacas. Rolou até umas porradas pra ele cantar direito ahahahahah. Coitado.

– É... pai é pai, né? Deve ser foda ser pai. Pai nunca sabe se está acertando. Só depois, quando a merda tá feita. Aí ele entende.

– É... foda. Essa maconha tá boa hein?! Ahahahah!

– Ahahahah! Me diz... maconha também acaba em sexo?

– Vem cá que te eu digo...

Cris era uma professora e tanto. Me ensinou que sexo não é bicho de sete cabeças, que *jazz* é bacana e que incenso é reconfortante e que pai é sempre pai, tudo em uma só noite. Ela curtiu também. Eu sei, porque ela me disse isso e, apesar disso, também disse nas entrelinhas que seria coisa de uma noite só. Achei que ela não gostava muito de moleques e que não era nada pessoal. O fato é que, depois dessa noite incrível, ela voltou a ser a Cris que eu mal conhecia. Nunca nos tornamos namorados ou mesmo amigos pra valer. Cheguei a pensar que fosse uma barreira criada pela Júlia, ou isso era só mais um pensamento sem sentido da minha cabeça de paçoca. Eu não me conformei fácil. Ela sempre conseguiu ficar longe, gelada. Colega de "oi" e "tchau" mesmo, sem se abalar, por mais que eu tentasse agradar.

Dormi pouco e levantei da cama quente dela cedo, por volta das oito horas da manhã, para sumir de lá antes que alguém me visse. Olhei aquele corpo nu e não resisti. Antes de sair dei um beijo leve naquela bundinha feita com compasso. Ela nem se mexeu, estava completamente capotada.

Como meu dinheiro tinha sido transformado em um monte de doses de José Cuervo dourada, tive de caminhar. O clima estava fresco, ou talvez fosse só o meu estado de espírito me deixando confortável. A Cris não morava muito longe da minha casa, então, com quarenta minutos de passos ritmados eu já estaria na minha cama. No caminho fiquei apenas aproveitando a sensação. Tudo parecia perfeito.

Entrei em casa e desabei na cama. Apaguei em dois segundos, pensando na minha primeira transa. E também, pela primeira vez, dormi até as três horas da tarde. Minha mãe ficou preocupadíssima, achando que eu estava doente. Na verdade, eu estava me sentindo o melhor cara do mundo.

Capítulo 11

HOJE, ACORDEI COM uma ressaca daquelas. Eu não era mais um menino e aquele vinho barato do dia anterior me lembrou disso. Me lembrou também que a diferença entre ele e um mais caro não era só o sabor e o aroma. Pelo menos, nenhum caco de vidro tinha descido pela minha garganta, além do sapo. Esse, eu engoli.

Apesar de tudo, eu estava de bom humor e com vontade de bajular minha garota.

Resolvi fazer um café da manhã e servi-la na cama.

– Bom dia!

– Oi. Que horas são?

– Acho que meio-dia, mais ou menos. Tá uma puta chuva lá fora.

– Tudo bem, hoje estou a fim de ficar em casa mesmo, descansando. À noite, vamos jantar na casa dos meus pais, tá? Não esqueceu, né?

– Tá. Claro que não esqueci. Se cansou muito, ontem?

– Não começa, vai – respondeu, saindo de baixo dos lençóis, nua. Ela exalava um perfume delicioso que misturava uma lembrança do perfume francês da Cris com o dela, o cheiro gostoso e morno de sono. Aquele aroma naquela pele branca demais e aquela visão me deixavam meio tonto de prazer.

– Não comecei. Só perguntei por perguntar, sem maldade. Não quero briga, não, eu te amo acima dessas coisas, apenas quero participar da sua vida. Talvez seja uma boa hora pra recomeçarmos, não acha?

– Talvez seja mesmo, assim que eu acordar – disse, mordendo um pedaço de bolo de laranja com manteiga.

– Então... vamos conversar, menina.

– O que você quer saber, "menino"? – sorria, levando a xícara de café fumegante à boca.

– Quero saber quem é você.

– Simples, né, Aldo? Se você descobrir me conta, tá? Seria uma ajuda incrível, além de uma economia com analista ótima. Aahahah.

– Ahahahah! Mmmm... Pô, não quero rir agora. Para, vai. Vamos falar sério.

– Quer saber sobre eu e a Cris, não é?

– Claro. Tá na hora da gente botar as cartas na mesa.

– Olha Aldo, não tem nada demais. Nós somos muito, muito amigas, como você sabe. E quando éramos adolescentes rolou uma loucura que se repetiu por outras poucas vezes, mas foi só.

– Loucura. Essa é a palavra. Ela é louca por você, Júlia. Minha dúvida é só se a recíproca é verdadeira. É essa dúvida que me angustia.

– Vamos por partes. Eu não quero ser a namorada da Cris, não quero casar com ela e viver o resto da minha vida ao lado dela. Não me considero homossexual. Estou com você por que quero e gosto. Apenas gosto muito dela, também... de várias maneiras. Ela me faz bem. Um bem danado. Mas não posso responder por ela. Ela diz que me adora e tal. Mas eu nunca soube o limite verdadeiro disso, desse sentimento. Provavelmente nem ela sabe o que isso significa. Nunca tentamos racionalizar esta situação. Você que tem essa mania de tentar entender tudo.

– Júlia, chega de matemática, me diz o que você sente, não o que você gostaria que fosse verdade. Você é apaixonada por ela também. Vejo nos seus olhos. Ser homo, hétero ou bi é só uma questão de rótulo. Não é o centro da questão – falei já um pouco exaltado, com as mãos na cabeça como que massageando o couro cabeludo.

– Para com isso. Não quero continuar esse papo. Chega. Pra mim deu.

– Não chega, não! Temos que falar! Você me deve ao menos isso. Eu não aguento mais esse vácuo entre nós. Esse silêncio a respeito de algo que nós vivemos mas temos medo de verbalizar vai nos matar. Já é quase ridículo.

– É, você tem razão, chega de silêncio! Quer saber? Não tem mais por que esconder isso de você nem de mim mesma. Estou ficando maluca com isso também – gritou com raiva e começando a chorar carregando a bandeja do café até a cozinha.

"Porra... tem momentos em que a pior coisa é ter razão. Eu estava certo, então." Pensei, sentindo um vazio gigante dentro da barriga.

– Vocês têm um caso desde a época que você namorava o Júnior? Falei baixinho, com um ar de desapontamento.

– Não chega a ser "um caso", Aldo. Ficamos, pela primeira vez, um dia depois que ela saiu com você, naquele bar depois do *show*, lembra? Depois rolou mais algumas vezes, poucas vezes, naquela época da escola mesmo. Quando fomos para a faculdade perdemos contato. Só há pouco mais de dois anos que a gente voltou a se encontrar. Eu a procurei no *Facebook* – falou, enxugando as lágrimas.

– Ah, não acredito. Ela te contou sobre aquela noite comigo? Pensei que ela não quisesse que você soubesse.

– Contou, claro. Detalhadamente.

– Pensei que tinha sido tão insignificante para ela... – eu disse, muito feliz com essa revelação, mas disfarcei.

– Contou, sim. E fez de um jeito tão gostoso que, pela primeira vez na vida, senti tesão. Aí ela percebeu isso e acabamos na cama por uma tarde inteira. Eu pedi pra ela não sair mais com você, se fosse só por curtição. Eu estava apaixonada por você e a Cris desconfiava disso desde o início. Saiu com você pra sacar a minha reação. No final das contas, eu terminei aquele namoro besta com o Júnior e minha cabecinha de adolescente ficou girando.

– Mas por que você não veio falar comigo? Eu era louco por você! Você sabia!

– Eu nunca daria o braço a torcer. Principalmente depois daquele dia em que você disse que não tinha de dar satisfação da sua vida pra mim. Aquilo me marcou, seu viado. Até hoje me lembro daquilo. E você também tinha se tornado amigo demais do Júnior. Isso acabaria com a banda e a amizade de vocês. Eu tinha motivo de sobra pra não te procurar, isso sem falar na minha timidez. A culpa foi sua! Você deveria ter tomado uma atitude de homem! A Cris parecia que tinha mais testosterona que você. Ela foi à luta, você não.

– Eu era uma besta, mesmo. Eu também acho que isso

acabaria com a banda. Você está coberta de razão e descoberta de roupas. Você é linda. Às vezes me esqueço.

– Para, bobo! Estamos falando sério como você pediu e você quer pular em cima de mim?!

– Tá certo. Vou tentar me concentrar, mas se cobre com o lençol, senão não dá.

– Sabe... desenterrar essas coisas não sei se ajuda, mas quero te contar uma coisa... O Júnior... eu... nós nunca transamos – continuou sem se cobrir.

– Quê? Mas, vocês namoraram mais de um ano!

– É, mas ele não conseguia. Toda vez que ia acontecer ele broxava. Sei lá o que acontecia.

– Mmmmm... interessante. Acho que ele comentou algo sobre isso comigo na época.

– Ele simplesmente ficava muito ansioso, tenso, e não rolava. Acho que por isso que ele bebia tanto quando a gente estava junto. Assim, ele acabava com a noite antes de começar, sabe? Pra fugir da situação.

– Sei... e você aguentou isso por tanto tempo?

– Eu era virgem. Nem me importava tanto com sexo. Não sentia tanto desejo por ele. Eu achava que o problema era eu. Aí, naquela noite você ficou com a Cris... vocês pareciam pegar fogo. Morri de inveja. Eu estava com a autoestima no chão quando ela se aproximou de mim.

– Ela me usou para fazer ciúme para você, mesmo! Agora as coisas se encaixam. Desculpe o trocadilho, heheheh.

– Você não para com essas piadas? É, aí a gente se encaixou mesmo. Ahahahah. Aldo, sai de cima de mim, por favor?

– Ahahah! Nossa, cheguei aqui sem perceber. Tanto tempo pra eu entender por que a Cris sumiu no dia seguinte. Fiquei mal na época.

– E isso importa?

– De certa maneira, sim, porque aquilo podia ter me traumatizado, né? Você não sabe o que é ter uma noite com a Cris e depois não poder ter mais.

Silêncio.

– Ah, desculpa. Sabe, sim. Mas, não é só isso... é importante saber também o motivo de você ter tentado me manter afastado dela todo o tempo. Foi ciúme. De mim e dela. Duplamente ciúme – eu disse.

– É, friamente analisando, é isso mesmo. Me desculpe, foi

inconsciente. Quando a gente se reencontrou, já imaginei você revendo a Cris e os dois me deixando de lado.

– Que grande bobagem, eu não trocaria você por nada.

– Não vamos usar de eufemismos nesse papo franco, certo? Ela transa como uma fada, é uma mulher inteligente, linda... ser trocado por ela é uma coisa a que qualquer ser humano está sujeito. E seria compreensível. Eu sou uma tolinha e ela é um avião.

– Pode ser... realmente ela é demais... – cochichei, em tom de brincadeira.

– Idiota! Cala a boca! Você está apaixonado por ela também? – gritando, jogou um travesseiro em mim.

– Não diria apaixonado, porque tenho você. Eu te amo. Mas, tenho tesão por ela, sim, claro. Seria muita falsidade minha negar isso.Tesão represado por sei lá quantos anos. Por que você está chorando de novo? Não faz isso...

– Não é nada, falar dessas coisas é uma merda. Já passou. Que tal a gente ir com ela até o Épico tomar umas cervejas, hoje? Podemos falar do assunto. Colocar na mesa a crise do trio. Uma "DR" a três. Moderno demais? Ideia idiota, né? Mas eu pagaria pra ver.

– Eu topo. Eu acho interessante. Nós três gostamos do Woody Allen, mesmo. Podemos fingir estar num filme dele. Todos, inteligentes e moderninhos cheios de crises em Manhattan, falando pelos cotovelos...

– Como você fala besteira.

– Combinado. Depois do jantar nos seus pais, então. Agora, vou até o parque dar uma caminhada. Chega de papo sério. Obrigado por confiar em mim tá? Te amo. Quer vir?

– Não, vai lá. Vou dormir mais um pouquinho.

Peguei o Maverick e me mandei, convicto de que faria um bom exercício físico.

Acabei fumando na beira do lago depois de alguns passos, como de costume. Enquanto eu jogava pedras para ouvir o barulho delas batendo na água, pensei sobre meu futuro. Um episódio egoísta. Eu queria saber se queria mesmo continuar com a Júlia ou se preferia partir pra uma tentativa de conquista da Cris. Eu estava pensando com a cabeça de baixo, logo notei. Porque, quando isso acontece, as conclusões sempre pendem a favor da mulher que você não tem nos braços, tanto faz quanto você a ame. Conclui que a questão, na verdade, era outra. Era sobre o planejamento “Aldo a longo prazo”: Como eu queria que minha vida fosse dali a dez anos? Era isso. Ao menos, eu sabia a pergunta certa.

Joguei mais uma pedra no lago, um mergulhão se assustou, enfiou-se na água desaparecendo por completo, e me surpreendi ao vê-lo vir à tona muito longe de onde havia mergulhado. Era isso que eu precisava fazer. Eu precisava mergulhar de cabeça numa tentativa, mas antes, precisava escolher o peixe que eu queria pescar.

Voltei pra casa e encontrei a Júlia dormindo. Me aninhei na cama e dormi também.

O jantar na casa dos pais da Júlia foi como sempre, mas dessa vez ela me deixou bater um papo longo com o sogrão. Falamos sobre música o tempo todo. Foi bem agradável, mas a minha cabeça estava na Cris e a Júlia parecia estar ansiosa também.

Num momento a sós, o Sr. Walter me fez uma pergunta estranha.

– Aldo, você ama minha filha?

– Hã? Claro!

– Não... Estou dizendo amar pra valer. O bastante para encarar a vida com ela, ficar velho ao lado dela, me dar netos... Não estou te colocando na parede, mas é uma coisa que é importante pra mim. Eu gostaria de saber. Ela não me fala nada a respeito disso, sabe...

– Olha, Seu Walter, sei que posso ser sincero com o senhor e sei que se preocupar com uma filha é natural. Sei que posso me arrepender depois, mas aí vai. Por acaso, essa é uma questão que vem me cercando, mas eu nunca pensei nisso seriamente e nunca conversamos a respeito. Tenho dúvidas, muitas dúvidas.

– Vou te contar uma coisa. O casamento pode transformar a melhor das pessoas numa chata-de-galocha. Mas se você souber ser feliz, isso não importa. Vale à pena. Eu acho que a Jú quer isso. Ela procura isso desde criança. Mas te peço que não comente com ela. Não quero que você pense que isso é pressão de pai, mas também não sei que nome eu daria. Pense no assunto, porque eu iria detestar ter um cara que não conhece o Eric Clapton na família, ok? Ahahah.

– Aahahaha – soltei um riso nervoso.

– Também não sei se me acostumaria com um genro mulher.

Meu sorriso derreteu. Quase respirei o vinho que estava na minha boca. Devo ter perdido a cor, por que senti descer rios de sangue da minha cabeça em direção ao pé.

– Como? – perguntei tossindo.

– Aquela Cris não larga do pé da Júlia. Nunca a vi com um namorado, ou falando sobre meninos. O jeito dela se vestir, andar... Não sei não, mas eu apostaria que ela não gosta de homem. Não tenho nada contra, mas não acho que seria ideal pra Júlia.

– Ahahah... acho que não tem nada a ver não, "Seu" Walter. Elas são só muito amigas – menti.

– Aldo, eu tenho bom *feeling* pra essas coisas. Sério. Mas, não importa. A verdade é que eu gosto de você. A Jú é uma garota sensacional, você sabe. Não vá perdê-la. Ela parece gostar muito de você também e parece estar feliz ao seu lado. É só o que importa. Se a questão for financeira, posso até dar uma ajudazinha.

– Tá certo. Prometo que pensarei no assunto.

– Vamos?! – a Júlia gritou, já com a bolsa à tiracolo, perto da porta de saída.

Nos despedimos rapidamente dos velhos e, já no Maverick, ligamos para a Cris, avisando que estávamos passando para pegá-la.

– Cris? Oi, já está pronta? Podemos passar pra te pegar?

–...

– Tá, chegamos em quinze minutos. Beijo – desligou e se dirigiu a mim, sorrindo. Ela estava ruborizada. – Ela disse pra gente subir um pouco pra tomarmos um vinho antes de sairmos.

– Por mim, tudo bem.

Ficamos em silêncio o resto do caminho, escutando Joss Stone, que a Júlia adorava, e eu também. Parei o carro no mesmo lugar onde eu havia parado a noite anterior. A Jú pisou nos cacos do gargalo da garrafa que ainda estavam no chão e fez uma cara de "que absurdo". Entramos no elevador e não resistimos a trocar uns beijos gostosos.

Toquei a campainha e a Cris logo abriu a porta. Ela estava linda, de calça *jeans* e camiseta e na boca um batom vermelho, nada trivial vindo dela.

O som ao fundo era Miles Davis.

As duas se sentaram num sofá confortável, na ampla sala, enquanto eu ainda em pé abria uma garrafa de vinho.

Começamos a falar sobre banalidades. Ninguém tinha coragem de tocar no assunto que nos levou àquele encontro.

– Cris, você está linda! — eu disse, para quebrar o gelo.

– Que nada. Tô como sempre.

– Foi isso que eu quis dizer.

– Ahahahah, você quer dizer que ela está gostosa – gargalhou Júlia, ajudada pelo vinho que estava bebendo como refrigerante, dando um ar de "hoje pode tudo" na conversa.

– É, hoje vocês estão uma delícia mesmo.

– Aonde vamos, então? – perguntou Cris.

– Vamos no Épico? O Aldo adora aquele lugar.

– Boa ideia. Mas antes vamos secar essa garrafa.

Bar apinhado. Meia hora de espera e então nos esprememos em frente ao balcão.

Tequila, cerveja, bobagens, risadas, fumaça, *rock'n'roll*, mais tequila, mais bobagens, mais risos, mais cerveja...

– Vou até o banheiro – Júlia disse, já saindo.

– Aldo, como você está? Digo, em relação às recentes revelações.

– Tô tranquilo, Cris. Sem problema.

– Você não está paranoico?

– Confesso que, desta vez, estou meio perdidão. É um assunto delicado. Mas a paranoia passou. A verdade sempre me acalma por pior que ela seja.

– Tudo vai se resolver, Aldo. De um jeito ou de outro.

– Grande conclusão! Ahahahah.

– Sabe, tenho vontade de entrar na sua cabeça, às vezes.

– Pra que? Pra rir das minhas filosofias de boteco?

– Não, cara. Eu acho você um cara muito inteligente, na verdade.

– Porra, me trata como uma besta por quê, então?

– Por causa da Júlia, eu acho. Ela tem ciúme de nós e eu tenho ciúme dela e de você. Você tem ciúme de mim. Uma puta bagunça. Tenho que me defender. Como fui me meter nisso?

– Que tal esquecer esses sentimentos, hoje? Eu vou fazer de tudo pra comer vocês duas.

– Aahahah. Sua sutileza é incomparável! Olha, posso te dizer que as chances são boas, basta você não fazer nenhuma besteira.

– Qual é o papo? – disse Júlia, já de volta e se ajeitando entre mim e a Cris.

– Eu disse que quero transar com vocês duas hoje.

–Ahahahah. Sério, Cris? Ele falou isso?! Cara de pau!

– Falou sim. Vamos pra minha casa continuar com aquele vinho?

– Por mim, tudo bem – Júlia falou, com um sorriso safado no rosto.

No caminho, a conversa estava super animada e o som bem alto, rolando um CD da Macy Gray. Num impulso de bêbada, a Júlia, que estava no banco da frente, levantou e passou para trás pulando em cima da Cris. Olhei o retrovisor. Elas brincavam como crianças. A Cris estava tentando despentear a Júlia, que se defendia enquanto tinha um ataque de riso. Isso durou pouco, até se beijarem. Não consegui acompanhar a coisa toda, pois se o fizesse, acertaria um poste. Alguns *flashes* foram mais do que suficientes pra me pirar.

Vi um *drive-in* vagabundo no caminho e resolvi entrar antes de causar um acidente. De qualquer modo eu não conseguiria esperar até chegarmos ao apartamento.

Elas nem deram atenção para isso. Continuaram a se agarrar, enquanto eu coloquei o carro no box e desci para fechar as "cortinas". Voltei para o carro e de joelhos, no banco do passageiro, de costas para o para-brisas, fiquei admirando a cena.

Cris começou a puxar a alça da camiseta sem manga da Júlia, o que deixou à mostra seu sutiã rendado. Cris começou a mordê-lo carinhosamente, ao mesmo tempo em que tirava o seu *jeans*. Resolvi entrar na brincadeira. Já fui tirando o restante da roupa das duas, acariciando as pernas da Cris, beijando a Júlia. Tirei a minha roupa. Eu nem sabia por onde começar. Era uma montanha de pernas, braços e roupas. A Cris, de quatro, viajava num beijo louco entre as pernas da Júlia enquanto eu observava incrédulo.

Foi o momento mais alucinante da minha vida. Tá certo que pareceu um filme pornô com roteiro dos três patetas. Mas foi ótimo. Acabei por fazer o que eu havia prometido no bar. As duas, na mesma noite.

Com os ânimos sob controle, já estávamos a caminho do apartamento da Cris, que sugeriu subirmos para continuarmos a festa. Foram mais alguns momentos de corpos nus se entrelaçando. Acabamos com a última das quatro garrafas de vinho, com nossas energias e deitamos juntos, na mesma cama. E conversamos também. Só um pouco.

– Meninas, eu...

Aldo, cala a boca!! – disseram em uníssono.

– É, amanhã você teoriza isso, tá? — completou a Júlia, já quase dormindo.

Me calei.

“Que inferno. Quem elas pensam que são? Será que acham que eu só falo merda? Eu devo ser um merda, mesmo.”

Me vesti e fui embora, sem me despedir.

Era como se a luz da manhã pudesse revelar ao mundo aquela situação absurda, e eu não queria isso. Eu queria deixá-las logo, e só. Eu me sentia um intruso.

Eu estava muito a fim de dirigir, pegar uma estrada sem rumo, para pensar, mas isso não fez diferença, porque o Maverick não deu a partida e tive que tomar um táxi, puto da vida.

– Pra onde?

– Toca pra Aclimação, por favor.

– Acho que conheço o senhor... aeroporto, lembra? Sou muito bom de fisionomia. E o seu cigarro está apagado na boca novamente. Que coincidência, rapaz!

– Faz um favor?

– O senhor é quem manda, doutor.

– Liga o rádio num *rock* aí e me deixa pensar?

– Essa música é legal. Adoro Beach Boys!

– Cara, você conhece *rock*? Bacana.

–Velhos tempos... *God Only Knows*, né?

– É, essa música ainda me faz chorar não sei por que. Mas, não hoje. Não tô no clima.

Pra onde a porra da minha vida estava me levando? O que eu estava fazendo aqui de madrugada, num táxi, ouvindo Beach Boys? Eu não aguentava mais. Tem gente que chama isso de “crise dos trinta”. Eu chamo de “vida de merda”. Não aguentava mais me sentir um nada. A vida que eu levava me tratava exatamente como me senti na cama com a Júlia e a Cris: um *plus* para diversão descartável. Um cara que era bom de fazer a galera rir, um bobo da corte fracassado, inteligente, sem grana, sem responsabilidades, sem conquistas, sem maturidade, sem família, sem objetivos concretos. Eu não me sentia nem no direito de entrar em depressão.

– Por favor, motorista, para o carro.

– Onde? Aqui?

– É. Para ai em qualquer lugar.

– Tá bom. Tem certeza?

Sai do táxi para caminhar um pouco sob aquele céu negro e estéril. Foi uma noite incrível, claro. Mas, ao mesmo tempo, pra mim, agora pensando melhor sem porra no cérebro, tinha sido um “sai pra lá” da Júlia e da Cris. Minha vontade era mandar a Júlia tomar no cu, meter uma pedra na vidraça da Cris, queimar todos os meus CDs, jogar minhas guitarras pela janela e virar um mendigo barbudo com um cachorro companheiro. Desaparecer do mapa.

Eu estava cansado, cansado, muito cansado de tudo.

Autodiálogo III – A angústia e as suas montanhas

– Você?!

– Quem mais esperava?

– Mas... aqui? Agora? Faz tanto tempo...

– O tempo e o espaço são conceitos esdrúxulos pra mim, você sabe... tanto faz.

– Mas precisava ter vindo escondido e pelas minhas montanhas geladas?

– Eu gosto. Me faz sentir vivo e sentir frio. Eu gosto.

– Filha da puta, caralho! Juro que hoje eu não te esperava. Você é uma visita filha da putaaaaa!

– Não sou visita, essa casa é minha, embora você insista em me botar pra fora. E só estou aqui por que você me deseja. Cada sinapse do seu cérebro grita por mim. Deu pra ouvir lá de longe.

– Longe... achei que desta vez você estivesse longe mesmo.

– O tempo e o espaç...

– Cala a boca!. Já que está aqui, quer um café quente? Seus cornos nojentos estão cheios de neve, você está descamando... puta nojo.

– Prefiro chá de capim santo, pra te acalmar enquanto eu me instalo.

– Vai se foder, não veio para ficar, né?!

– Você sabe que quando venho, não fico pouco.

– Inferno! Seu cheiro está insuportável. Acho que é seu hálito. Você está podre.

– Foda-se. Quem sente o cheiro é você, não importa de onde vem e se existe.

– Cala a boca! Cala essa boca nojenta! Tome seu chá!

– Sabe, suas montanhas geladas me disseram alguns segredos no caminho. A coisa está feia pro seu lado.

– Segredos o caralho! Que segredos?!

– Algo a respeito de dinheiro, saúde, futuro... as coisas de sempre, só que piores.

– Isso não é segredo. As montanhas estão delirando.

– Não. Estão derretendo, e deixando nuas umas pedras horríveis.

– Por que você não passou ao largo delas? Por que tem que importunar o que está latente? Por quê? Me deixe em paz!

– Não fui eu, foi você. Eu só subi pra me certificar de que eu abriria as feridas certas dessa vez.

– Você me parece mais repugnante do que da última vez. Será que são essas suas unhas sujas?

– Unhas sujas, escamas caindo, cornos gelados, podre. Você me vê como eu sou agora pra você. Não que eu esteja reclamando. Não sou uma flor.

– A porra do chá estava bom?

– Não. Acalme-se.

– Alguma pedra te disse a respeito de como me senti nas últimas semanas em relação a laços familiares?

– Na verdade eu conversei horas com uma pedra pontuda sobre o assunto. Ela tinha uma personalidade ruim. Dizia coisas horríveis com uma aura professoral irritante. Usava filosofia como um belo papel celofane para embrulhar merda pura, sabe?

– Merda pura... eu sabia que você viria, na verdade. Essa pedra não podia ficar calada. O gelo foi derretendo, derretendo, e ela aparecendo. Inevitável. Isso é um processo químico, dizem.

– Mas que bobagem! Algo nesse mundo não é um processo químico?

– Até o amor é, né?

– Está me perguntando sobre amor? Não vim aqui pra te confortar. Vim para te fazer sangrar.

– Sua crueldade me assusta.

– O medo é só um processo químico. E saber isso serve para alguma coisa? Não.

– Aquela pedra filha de uma puta. Eu devia arrancá-la das montanhas...

– Cara, as montanhas são feitas de pedras. Você é idiota?

– ... talvez assim eu não me preocupasse mais com laços familiares e o cacete.

– É um idiota.
– Se você não existisse eu não estaria falando idiotices.
– Com certeza, pois você não existiria também.
– Queria ser um macaco.
– Neste caso talvez as montanhas deixassem de existir. E eu também. Mas você não o é.
– Quem sabe eu não encarno em um macaco após a morte?
– Isso realmente não importa. O que faz você ser VOCÊ é a sua consciência. Quando morrer vai perdê-la e, então, por que se importar se vai reencarnar em um humano, macaco, minhoca ou ameba?
– Então, a morte é paz.
– É paz. É tudo, sem as montanhas geladas, sem as pedras falantes, o que significa que é sem "eu" e sem "você". Por isso é nada. Morte é nada.
– Você tem certeza disso?
– Esta é a minha certeza, portanto, é a sua. Pelo menos, neste momento.
– Mais chá?
– Claro.
– Vou conseguir dormir hoje?
– Trabalharei para que isso não aconteça. Se for impossível, darei um jeito de fazer com que o seu sono seja um tormento alucinógeno.
– Quer um cigarro?
– Sabe, uma pedra chorona lamentou-se vergonhosamente. Falou sobre saúde, pulmões pretos, câncer. Mas não dei muita importância. O que você realmente quer, nada impede. Nem eu. Certeza.
– Quer um cigarro?
– Claro. Estou faminto.
– Notei. Pode comer um pedaço do meu braço, já que vai fazer isso cedo ou tarde.
– Prefiro algo mais vital, como sua sanidade, por exemplo. Obrigado.
– Espere. Me deixe um pouco sozinho.
– Não vai ser possível. Não por hora. As montanhas estão derretendo numa velocidade absurda. Dê uma olhada no espelho. Você já era.
– Vou conseguir dar um jeito nisso. Vou mudar a minha vida.
– Pode ser. Mas enquanto isso, vou te devorando. Me dê mais um chá para acompanhar, por favor.

Capítulo 12

A VIDA É ASSIM. Quem diria. Depois daquele primeiro *show* na escola um cara ligou na minha casa. Foi uma ligação inusitada.

– Alô, eu gostaria de falar com o Aldo, por favor.

Era uma voz grave.

– É ele.

– Aqui quem está falando é Jorge Oliveira, você não me conhece. Sou o pai da Cris, que estuda com você.

Gelei, dos meus fios de cabelo até o cordão do tênis Adidas Roma que eu não tirava do pé. Será que ele tinha visto a pegação na escada da casa dele? Será que a Cris contou alguma coisa? Que raio teria acontecido? Tem meninas que parecem moderninhas, mas que no fundo são as filhinhas do papai... Podia ser o caso. Me fodi.

– Oi, Seu Jorge, tudo bem? – Minha voz devia estar mostrando o meu pavor, mas não me lembro direito por causa do estresse.

– Resolvi ligar para você porque andei falando com a Cris e ela me contou...

Nesse ponto da frase meu coração parou, tive um derrame e quase vomitei. Mas, ainda estava vivo.

–... que você e sua banda fizeram um *show* muito bom na escola. Eu não sei se você sabe, mas eu tenho um selo fonográfico.

– Hã? Selo? Não, não sabia...

– Pois é. Eu queria ver vocês tocando um dia. A Cris disse que vocês arrebentaram e insistiu comigo. Será que tem como?

– Tem, sim, Seu Jorge.

– Me chama de Joca. Tenho só quarenta anos, ainda, ahahahah.

– Ah, tá, Seu Joca. A gente vai fazer um *show* semana que vem no Selo Barra Bar. O Júnior conseguiu uma terça-feira lá pra gente. Se o senhor puder ir lá...

– Nossa! No Selo Barra Bar? O Túlio é rápido mesmo, hein!

– Túlio?

– Sim, o meu sócio no bar, ahahahah. Esse bar chama-se Selo Barra Bar porque eu e o Túlio somos sócios no bar e no selo. A Cris deve ter falado com ele também.

– Ah, agora entendi. O Júnior me disse que ele tinha visto a gente tocar na escola, mas eu não sabia que o nome dele era Túlio. Ele tinha ido para dar uma carona para a Cris e acabou ficando lá e viu o *show*.

– Provavelmente foi isso, sim. Não falei com ele ontem nem hoje.

– Entendi. Bacana.

– Voltando ao assunto. Eu vejo vocês tocarem terça-feira que vem no bar, então.

– Ok, combinado.

Desliguei o telefone e não consegui comemorar, porque o susto tinha sido maior que a boa notícia, e descobrir que o pai da Cris tinha um selo era incrível. Como ela nunca comentou? Seu Joca, que engraçado. Por isso ela tinha tantos discos bacanas.

Primeiro esperei baixar o batimento cardíaco e depois liguei para todos da banda para contar a novidade e marcar ensaios extras. Teríamos de ser impecáveis na apresentação.

Foi nesses ensaios que o Júnior e o Lau começaram a "entrar numas" com as drogas.

Como para o Júnior a grana nunca faltou, a cocaína passou a fazer parte da rotina da banda. Aquela droga parecia tão boa que me dava medo. Eu sabia que, se um dia eu experimentasse aquele mundo tecnicolor, jamais sairia dele de volta para o meu preto e branco. E esse medo me salvou. Meu nariz nunca tocou aquele pozinho mágico. Mantive sempre uma distância segura desse prazer. Uma das poucas decisões que tomei na vida que eu não tenho dúvidas de que foi a melhor.

Ensaiamos à exaustão durante uma semana inteira na casa do Lau. Os vizinhos quase enlouqueceram, mas os filhos deles normalmente pediam para nos assistir. Aceitávamos felizes. Eu já me sentia famoso. Todo ensaio tinha plateia.

Foi uma semana muito bacana. A ansiedade, o objetivo, o planejamento, a segurança de que estávamos fazendo tudo certo. Parece que não, mas conseguir trabalhar com o que se ama é um prazer experimentado por poucos. Se todos conseguissem isso, o mundo seria um lugar melhor e mais feliz, com certeza. Antagonicamente, os sentimentos desse período me assombram até hoje. Essa sim foi a droga que experimentei, fiquei viciado e logo depois descobri que eu não conseguiria comprá-la. Descobri também que o traficante era o destino, que ele não é sempre honesto e não dá a mínima para dinheiro. Naquela época eu não tinha noção mínima disso, mas o meu nível de expectativa a respeito do que a vida poderia me dar tinha subido muito. Talvez mais do que eu pudesse um dia alcançar. Eu me sentia apenas começando uma jornada, com dificuldades, sim, mas sempre justa. Uma montanha que, após ser escalada, me daria um belo troféu na forma de um horizonte infinito com um pôr do sol perfeito. Mas não foi assim, e não conheci ninguém em toda a minha vida que tivesse vivido isso. O que não quer dizer que essas pessoas não existam, e sim que elas não fazem parte do mundo em que vivo. Ainda bem. Imagine conviver com uma pessoa que conquistou tudo o que queria na vida, que é feliz e que é admirada por todos? Seria uma sombra insuportável.

No dia fatídico, fomos conhecer o bar, logo após o almoço. O Zappa passou de Opalão para pegar todos, mais alguns dos instrumentos. O resto já tinha sido levado para o bar pelo seu Túlio, que se ofereceu para dar uma ajuda.

Fomos amontoados no carro, quietos no caminho. A ansiedade era insuportável.

O lugar impressionou a todos. Era muito para a nossa bandinha.

– Putamerda. Isso aqui é ducaralho – disse Lau, arregalando os olhos.

– É, pessoal, a gente merece – Júnior emendou, com sua arrogância.

Começamos a montagem dos equipamentos, que nos tomaria algumas horas.

Enquanto eu desenrolava os cabos, fios elétricos e checava as ligações, a Júlia veio no meu pensamento, do nada.

– Júnior, e a Júlia, tá bem?

– Não sei, cara. Acho que sim.

– Como assim?

– A gente terminou. Não rolou. Sei lá.

– Ah, não é possível. Tava tudo tão bem. Quer fumar um cigarro?

– Dá aí.

– Então... o que que aconteceu?

– Nada de mais. Sei lá. Dei um pé na bunda dela porque a menina é uma morta, cara. Sei lá, mas acho que ela é virgem. É um balde de gelo.

– Virgem? Mas vocês namoraram um tempão.

– Pra você ver. Eu não aguentava mais comer puta porque não conseguia comer minha própria namorada. Ela era tão cheia de frescura que eu broxava. Cansei.

– Frescura?

– É. Tive até que falar pra ela que o problema era eu. Mas o que me broxava era uns lances que ela falava. Que não tinha tesão, pode?

– Vixe!

– É. Não tinha tesão. Que porra é essa, né? Mulher é complicada mesmo, mas ela... tá loco, viu. Sem noção, cara. Dizia que achava que tinha algum problema porque não tinha vontade de dar e blá, blá, blá. Cheguei a achar que ela curte mulher. Pra mim foi isso.

– Quê?! Como assim? O que fez você pensar isso?

– Ah, não tem tesão, ué. Eu lá fazendo de tudo e a mina gelada. E eu broxa. Aí, um dia eu disse pra ela que ela devia gostar de mulher. Aí, ela me deu um tapa na cara e começou a chorar. Fodeu de vez tudo. Coisa de doido. Depois desse dia, a gente não se falou mais. Foi semana passada.

– Que mau.

– Quer saber? Foda-se. Não vou nem fingir que estou chateado. Vamos arrebentar esse bar hoje e se eu der sorte arrumo uma namorada nova.

– Tá.

Eu me contive, mas estava soltando fogos de artifício por dentro. Podia ser a minha chance, a minha vez. A Júlia nos meus braços. Eu não acreditava nessa história do Júnior. Pra mim, aquele namoro tinha sido um fracasso por algum outro motivo qualquer. O importante é que ele não estava nem aí pra Júlia e o caminho estava livre.

Eu mal conseguia me concentrar nos afazeres pré-*show*. Me atrapalhei na ligação dos fios, esqueci de testar os pedais... mas tudo se ajeitou. Apesar da minha desatenção, passamos o som e tudo estava perfeito. O Júnior, para variar, pediu pra gente tocar uma música que não estava no *set list*, apesar de a termos ensaiado muitas vezes. *Angie*, dos Rolling Stones. Uma balada linda, e o jeito que o Júnior cantou chamou a atenção até do barman que estava lavando uns copos no balcão, que parou e ficou curtindo. Foi realmente muito bom. Acho que ali ele botou pra fora a última gota do que sobrou da Júlia dentro dele. E eu continuei muito feliz por isso.

Voltamos cada um para sua casa para nos prepararmos para a batalha. Como tudo até então estava bem, minha mente me levou por caminhos otimistas. Fiquei imaginando o *show* perfeito, um contrato na nossa mão assinado pelo Seu Joca e Seu Túlio. O tempo passou voando e quase me atrasei. Tive que pegar um táxi. Pra mim isso era muito caro, mas não tive escolha. Conversei um pouco com o motorista, contando pra ele o quanto aquela noite era especial. Ele apenas acenava com a cabeça. "Coitado, fica aqui sozinho dirigindo esse carro. Que vida...", pensei.

O Seu Joca foi o primeiro a me cumprimentar. O bar estava vazio e permaneceria quase assim por toda a noite, salvo duas ou três mesas com pessoas que não estavam ali para ouvir uma banda *cover* de adolescentes. Terças-feiras são os dias de movimento mais fraco.

Subimos no palco e, sem nos importarmos com a plateia-piada, demos o nosso recado.

Tudo foi ótimo. Tocamos bem, como sempre. Quinze músicas sem parar.

O Seu Joca parecia ter gostado muito. Aplaudiu ao final de todas as músicas. Ele e a meia dúzia de gatos pingados. Logo que acabamos, nos chamou para sentar à mesa com ele.

– Ei, molecada, vocês são bons. Podem tocar aqui de vez em quando se quiserem.

Vou arrumar um dia melhor. Que tal uma quinta-feira? É um dia lotado.

– Legal! Ducaralho, Seu Joca. – foi logo dizendo Júnior, que estava bêbado.

– Ok Então, vamos comemorar!

"Como comemorar?", pensei." E o selo? Um álbum, vida de *rock star* etc.?"

– Seu Joca, será que a gente tem chance com seu selo?

– Ah, Aldo, você tocou no assunto antes de mim. Seguinte, notei que vocês não tocaram nenhuma composição original, música de vocês, certo?

– Certo.

– Já viu hoje em dia alguém lançar banda de *covers*? Não existe.

– Putamerda! Como não pensei nisso. Sou uma besta.

– Então, só poderei responder a sua pergunta quando tiverem o que mostrar, ok? Vocês têm tempo pela frente, não se afobem. Meu selo é pequeno, não posso arriscar e por isso nem prometo nada, ok?

– Não tô nem aí. A gente chega lá, você vai ver – respondeu Júnior.

– Claro, nem duvido disso, Júnior. Vão em frente – disse Seu Túlio, dando um tapinha no ombro do Júnior.

Eu estava me sentindo um idiota. Uma criança brincando de tocar. Um moleque otimista que vivia no país das maravilhas. Resolvi beber até esquecer aquela situação constrangedora. O resultado foi glicose na veia, pela primeira e única vez. O teto do hospital girando, o estômago virando do avesso e as risadas do Júnior ao fundo. É só disso que me lembro.

No dia seguinte, comecei a compor. Durante seis meses eu e o Júnior fumamos muita maconha, escrevemos letras, inventamos *riffs* e copiamos harmonias dos nossos heróis. Todos os dias depois da escola.

– Aldo, e se a gente não conseguir o contrato?

– Ué, cadê aquele seu otimismo irritante quando a gente precisa dele?

– Sei lá, cara, mas isso é uma coisa que eu quero muito. Precisamos ter um plano B. Meu pai é um cara bem rico, tem muitas empresas, como você sabe. Se precisar, ele banca a gravação do nosso álbum. Ele vive dizendo que eu preciso de um trabalho e tal.

– Você viaja, Júnior. A gente não sabe nada de negócios, cara. Que adianta ter um disco gravado sem saber o que fazer com ele depois? Volta pra terra. Tá fumando muita maconha. E depois, você acha que seu pai acha que tocar é trabalho?

– É, verdade, pode ser. Ahahah.

Uma coisa determinante na minha inspiração nesse período foi a ausência da Júlia, apesar da nossa proximidade física. Continuávamos estudando na mesma classe. Ela nunca se aproximava de mim e nem eu dela, só em papos rápidos e insignificantes. Fora isso, ainda tinha a Cris, que me ignorava completamente. Ela nunca foi assistir o Tobogã no Palco Barra Bar, nem a Júlia. Eu nunca engoli essa desfeita e isso nos afastou ainda mais.

Tínhamos então, ao final dessa maratona de composição, cinco músicas que teriam de ser arranjadas pela banda toda junta. Mais três meses de preparação e maconha.

Nesse meio tempo, um dia me marcou muito. Era meu décimo sétimo aniversário e meu pai, mesmo religioso, não deixava de me incentivar a sonhar com a banda. Era muito atarefado com seu trabalho no escritório de contabilidade e andava muito preocupado com minha nova vida maluca. Acho que sentia culpa por não ser um pai tão presente. Chegou em casa naquela noite com uma surpresa. Pelo formato da caixa, eu já sabia. Eu havia lhe dito qual era a guitarra que eu queria ter e ele guardou a informação como um pedido. Era uma réplica nacional, não tão boa quanto a caríssima e lendária Gibson Les Paul, mas era muito mais do que eu esperava. Ele me entregou aquilo e, olhando nos meus olhos, disse:

– Filho, espero que você use esse instrumento para o seu bem. Quero que ele te acompanhe por bons caminhos.

Na minha cabeça torta eu faria exatamente aquilo. Bons caminhos, para mim, era a felicidade. E eu me sentia muito feliz tocando *rock'n'roll*. Se meu pai soubesse que aquele pedido, na interpretação dele, seria algo totalmente impossível para mim, talvez não me tivesse presenteado. A igreja dele nunca ouviria o timbre daquela guitarra, claro. Eu chorei de emoção. Dei um abraço bem apertado no meu pai, meio que pedindo desculpas pelo que eu nunca faria. Nessa noite, eu não dormi. Passei horas a fio dedilhando aquela maravilha.

As composições renderam apenas elogios e o esperado contrato com o selo fonográfico ficou na ilusão. Um infarto fulminante tinha levado para debaixo da terra ele, o Seu Joca, e o meu otimismo. O Seu Túlio, ao contrário do Seu Joca, nunca se interessou em gravar o Tobogã, achava o som pesado demais, pouco *pop*.

Até então, eu era um adolescente cheio de sonhos e acreditava que, se minha vida musical estava ainda dentro do ovo, ela poderia nascer, crescer, aparecer e acontecer de fato. Mas hoje vejo que, como tudo na minha vida, aquilo era pura fantasia. Será que eu não me esforcei o suficiente? Será que não fui perseverante o bastante? Botei sim foi um ovo de sentimento de culpa pelos meus insucessos que nasceu, cresceu e ficou bem grande, bonito e saudável.

Capítulo 13

NÃO DORMI NADA hoje. A insônia me pegou de novo. Desde a noite *à trois*, há mais de uma semana, eu não dormia direito. Nada além de cochilos atentos. Me arrependi de tudo aquilo. As consequências estavam me batendo com força. Não vi a Júlia desde então. Simplesmente desapareceu, nem me ligou. A ausência dela era ruim, mas o silêncio é que me deixava maluco. Mas não dei o braço a torcer, fiquei quieto, esperando. Nos primeiros dias achei que ela voltaria com o rabo entre as pernas, depois achei que voltaria com a conhecida tromba gigante, depois achei que ela viria me dar um esporro daques... mas concluí que ela não vai voltar nem para pegar as roupas e CDs que deixou aqui. As calcinhas vão virar *souvenir* da "Julialand"! Tem uma que dá vontade de emoldurar e dependurar na parede da sala... pra mostrar pros netos.

"Caralho, aquela filhadaputa não podia ao menos me dar um fora? Será que não mereço nem isso?! Não entendo mais nada."

Tudo tem um lado bom. O sofrimento me inspira. Hoje eu precisava botar pra fora um texto que estava me enchendo o saco. Não saia da minha cabeça. Resolvi vomitar logo pra acabar com a indigestão. Como se não bastasse tudo dando errado, saiu a porra de um poema. Tudo bem, quem sabe transformo depois na letra de uma música... Realmente eu devo estar à beira da loucura. Se o Júnior descobre, vai dizer que é coisa de viadinho.

Tô morto?

Quando penso em vc eu viro do avesso.
Me vejo de dentro pra fora,
intestinos e coração, mas não me reconheço.
O avesso do avesso é o direito,
mas foda-se. Que direitos tenho eu assim, sangrando?

Eu sei, você representa o quase impossível. Everest do alpinista.
Nesse gelo, quando te encontro sem ar, quase me esqueço das presenças
alienígenas. Terráquios pousando em nosso mundo distante,
invasores de sonhos atrapalhando meu pesadelo perfeito.
Pesado sono, quebrada realidade, latente loucura.

Me vejo de novo, descarnado. Vejo de cima, pairando sobre o defunto.
Você ao lado.
Minha mente morta resvala no quadro inadequado. Bonito por dentro, feio por fora.
Você quer me ouvir, mas apenas escuta
o que te digo, sem som.

Silêncio.

Palavras faladas são tudo: podem ser negadas,
mas os atos são mudos. Não há defesa. Desisto?
Os bons textos são frios e os melhores pensamentos rios de planos absurdos.
Seu corpo que me corrompe. Seu suspiro que me acordou da inspiração travada.

Sombra da dúvida sempre me assombra, sinistra.
Pô, segue ela também! Vai lá e avisa:
Tô aqui, porra! Sou vivo! Tô morto?
Grita isso pra ela e traz a resposta pra mim. Me tira da corredeira.

Uma lembrança te pegou?
Pegou e passou, não é? Mas, aposto, te deixou parada, sem nada
com tudo isso que você tem.

Ouvi música até amanhecer, coloquei um *jogging* e fui até o parque.

Seis da manhã. O dia nasceu chuvoso e frio. Desta vez, resolvi parar de boicotar minhas intenções de virar um esportista. Caminhei por horas embaixo da chuva fina e fria. Cada passo que eu dava parecia purgar meus erros, minhas escolhas erradas. Foi quase uma penitência. Eu queria fingir que não, mas eu sabia que aquela noite seria o fim da história "eu e Júlia".

Foi inevitável.

Estar chovendo era legal, porque eu estava chorando e assim ninguém via as minhas lágrimas. Eu nem as sentia descendo pelo meu rosto. Minha vida estava mudando de novo, e desta vez isso estava me deixando desesperado. Como seria sem a Júlia de novo? E sem a Cris? Que medo da porra! Eu estava me sentindo completamente só. Muito mais do que eu me sentia antes de tudo isso acontecer.

Passei em frente ao local das mesas de jogos e notei que um dos velhinhos que sempre jogava dominó estava sozinho, no lugar de costume. Parei ofegante ao lado dele para descansar sob um teto e fumar um cigarro. Sentei no banco de concreto frio, acendi. Ofereci um. Ele aceitou, rindo.

– Faz trinta anos que parei de fumar essa merda. Pra quê? Agora depois de velho voltei a pitar. Empresta o isqueiro, por favor.

– Não faça isso, senhor – puxei conversa.

– Se você me der um bom motivo, juro que não acendo.

– Sua saúde. Tem motivo melhor que esse?

O velho segurou o isqueiro com a mão trêmula, colocou o cigarro na boca, acendeu, deu uma baforada demorada e desandou a falar sem parar.

– Filho, essa vida passa bem rápido. Parece que foi ontem que eu me casei. No entanto, faz mais de cinquenta anos. Tenho meus filhos, meus netos e até um bisneto. Todos eles estão vivendo as suas vidinhas e me tratam muito bem. Isso não adianta. Tudo que fazia parte da minha vida, só da minha vida, se foi. Não sou amargurado, não. Acho que vivi uma boa vida, mas eu não sabia que passaria tão rápido. É verdade, viu, amigo, daqui a pouco será você com quase oitenta anos. Rápido mesmo. E se você der sorte, duas gerações depois da sua ainda lembrarão que você existiu, mas isso não acontecerá da terceira em diante. Você será nada, a não ser que você seja um personagem histórico, importante, marcante. Do contrário, amigo, sua passagem por aqui terá tido a mesma importância que a de uma mosca: nasceu, cresceu, reproduziu e morreu. Por isso, não me venha dizer que não posso fumar um cigarro por causa da minha saúde. Você sim não deveria fumar, não eu. Pra mim não faz a mínima diferença morrer agora ou daqui a cinco anos. Não dá mais tempo e eu nem teria saco pra tentar me tornar alguém de quem valha a pena se lembrar. Desculpe o desabafo, é que se não falar com estranhos, a coisa fica encruada. Ahahah. Acho que peguei você pra cristo.

Fiz uma cara querendo dizer "mas que foda, hein", mas disse "tudo bem" e dei um "até logo". Ele balançou a cabeça num gesto positivo e acenou mostrando a palma da mão enrugada, com o cigarro entre dois dedos.

Entrei no carro e acelerei para a casa da Cris. Parei no mesmo lugar de sempre pra ver se eu dava a sorte de ver alguém na janela. Nada, nem vultos.

Tentei ligar o carro... nada. De novo... nada. Carro filho da puta! Chega! Vou resolver isso já!

Enquanto eu chamava o guincho, pensava na possibilidade de a Júlia me ver ali e descer ao meu encontro. Esperança falsa. Eu estava fingindo pra mim mesmo, de novo, que algo mágico pudesse acontecer. Acabou não acontecendo. "Acabou a mágica, Aldo."

Enquanto o carro estava sendo guinchado, pedi para o mecânico, conhecido meu de longa data, que tentasse vendê-lo para alguém. Disse a ele que se conseguisse, ganharia uma boa comissão. Ele estranhou o pedido, mas topou na hora. Foi uma atitude impulsiva minha, num momento de raiva. Eu achei que, fazendo aquilo, estaria me livrando de um encosto, de um modo de viver ruim e de um carro velho da porra.

Voltei para casa de táxi e fiz um misto-quente.

"Vou ligar praquelas vacas"

Peguei o telefone, disquei o número da casa da Cris. Desliguei. Faltou coragem.

Disquei de novo.

– Alô.

– Cris?

– Oi, Aldo – disse com voz de cu. – Tudo bem?

– Foi uma pergunta retórica, né?

– Foi, Aldo, foi – disse, rindo de leve.

– Cris, me diz uma coisa... eu mereço ser tratado assim? Eu sou um babaca, eu sei, mas não sou um monstro, porra!

– Aldo, vamos falar disso pessoalmente? Pelo telefone podem rolar mal-entendidos.

– Putamerda, até que enfim alguém quer me ver.

– Não se faz de vítima, vai. A situação já é ruim o suficiente sem isso.

– Tá. Onde?

– Vem aqui à tarde. Umas cinco horas...

– Mas a Júlia não tá ai?

– Não, cara. Não viaja.

– Tá, às cinco bato ai.

E agora? O que eu vou fazer pra segurar essa ansiedade até às cinco? Juro, juro pra mim mesmo que não vou tentar adivinhar o que vou ouvir. Mesmo que eu tentasse seria impossível. Não tenho a mínima idéia. Mas bem que ela podia... sei lá... resolver me dar.

Fui até o quarto, procurei a caixa de remedinho feliz da Júlia e engoli um a seco. Em uma hora eu estava tranquilinho. Um alívio.

Sentado no meu sofá de couro marrom, assisti a uma animação na TV chamada *A Viagem de Chihiro*. Maravilhoso. Pirei naquilo.

O cinzeiro no chão parecia uma porção de bitucas servida pela morte, de tanto que fumei. Meu apê tava uma zona de periferia de cidade do interior. Puuuuuta zona.

Tirei um cochilo e depois tomei um banho demorado tentando encontrar uma melodia praquela poesia nova. Escolhi uma roupa para a ocasião que se aproximava, coisa que eu nunca fiz (deve ter sido efeito do remedinho pra doido). Coloquei um perfume que a Jú me deu no meu aniversário, que há tempos estava no armário, sem uso (isso foi só pra chamar a atenção da Cris mesmo) e fui. Nada de táxi. O dia estava nublado e o clima agradável, quase frio. Caminhei calmamente prestando atenção em coisas triviais, como eu fazia quando era moleque. Bateu saudade daquele tempo. Por que fiquei tanto tempo sem fazer isso?

Cumprimentei o porteiro, que tinha um sotaque daqueles que dá saudade de praia.

– Boa tarde.

– Boa tarde.

– Vim ver a Cris, sabe quem é?

– A lorinha, né? Sei sim. Quem é o sinhô?

– Pode falar que é o Aldo.

– Alô, dona Cris? É o Seu Ubaldo aqui. Pode subí?

– ...

– Pode subí. Faz um favô pra mim, moço? Leve este pacote que chegô pra ela?

– Claro.

O porteiro saiu da guarita e me entregou uma caixa parda um pouco maior que uma caixa de sapatos. Poucas informações. Impossível saber o que tinha lá dentro.

– Oi Cris.

– Oi Aldo, tudo bem? Sim, foi uma pergunta retórica de novo... – disse rindo, me dando um beijo no rosto e um abraço rápido.

– O porteiro mandou isso pra você.

– Ah! Valeu! – disse, ruborizada.

Ela estava muito bonita. Mais do que isso... parecia que tinha se preparado pra me receber. Detalhes como banho tomado, perfume, roupa básica porém nova, pés descalços, me diziam isso. Bom, eu devo estar viajando de novo. Foda-se.

Me sentei no sofá grande e ela na poltrona à minha frente.

– Aldo – disse suspirando. – Na verdade nem sei por que pedi pra você vir aqui. A verdade é que desde aquele dia maluco eu não vejo a Júlia. Tenho falado por telefone com ela. Ela tem chorado muito, está um pouco confusa, está lá na casa dos pais dela... Só tenho oferecido a minha amizade, ouvido muito e dado poucos conselhos.

– Tá falando sério? Mas ela é a sua melhor amiga... e mais um pouco! Achei que ela estivesse morando aqui!

– Não... ela está um caco. Cara, como você não conhece a Jú! Que coisa besta pra se pensar! Você acha que ela, que eu... que a gente teria cabeça pra isso agora?

– Besta? Pra mim, está mais pra "óbvio" do que pra "besta". Não exagera, vai. Mas por que merda de porra a coisa desandou depois daquele dia? Ela sumiu! Nem me ligou!

– Também não me ligou. Fui eu que liguei pra ela. Ela ficou perdida. Naquele dia ela saiu logo depois de você.

– Perdida? Acho que "maluca pra cacete" seria um adjetivo mais adequado. Ela não fala! Ela pensa que as pessoas têm de adivinhar o que tá passando naquela cabeça dura.

– Você sabe... alguém tem de decidir por ela. Ela trava quando tem de tomar uma decisão importante.

– E por que você não decidiu por ela, então? Você está caída por ela! Se pudesse teria uma penca de filhos com ela, daria casa, comida, roupa lavada e um pau de borracha.

– Ahahah. Para com isso, Aldo, que inferno! Eu não posso induzir a Júlia. É uma decisão que muda uma vida. Na verdade duas, a minha e a dela. É muita coisa até pra mim.

– Ah, para tudo! Você? Com medinho? Conta outra.

– Acha que eu sou o que? A mulher maravilha?

– Não... você está mais pra Dick Vigarista. Desembucha, vai, Cris.

– Ahahahah! Babaca. Não estou armando nada, sua besta.

– Sério. Eu estou realmente surpreso. Achei que você fosse atacar no ato.

– Aldo, eu não sei se eu faria a Jú feliz... Entendeu? Ela não está preparada. Vou pegar leve por ela.

– Entendi, sim. Mas não colou ainda...

– Tenho medo de perder a Júlia tentando ganhar. Meio complicado. Mas não preciso te convencer de nada. Saiba que a sua opinião não mudaria nada.

– Sei. Mas sobre complicações eu entendo pra caralho. Pode falar.

– Fora que eu também não queria perder a sua amizade. Ela se tornou importante pra mim, no fim das contas. Tenho medo de perder você também. Sem você e sem a Júlia eu ia pirar legal.

– Ah! Bem-vinda ao clube!

– Sério? Pensei que você estivesse me odiando.

– Eu estava, mas isso foi há mais de uma hora, já.

– Ahahahah. Você me faz rir o tempo todo. Adoro isso. Quer um uísque?

– Quero.

– Daniels *cowboy*, né?

– É.

– Sabe, cara. Vou confessar uma coisa. Sempre tive inveja da Jú por ela ter você e sempre invejei você por tê-la. Louco, né? Pensa um pouco... não foi fácil pra mim. Foi *punk*!

– Mas Cris, eu nunca imaginaria nada sendo difícil pra você, menina.

– Pode acreditar. Foi – disse, me entregando o copo e se sentando ao meu lado.

– Nossa, Aldo. Conheço esse perfume! Eu tenho um... foi presente da Jú.

– Pôoooxa Cris, que coincidência incrível, hein! – respondi, com sarcasmo.

Ela me olhou bem nos olhos, e sem dizer nada me beijou. Foi um beijo quente, lento, macio, molhado. Daí em diante tiramos as roupas e foi só loucura. Acabou o papo furado. "Eu realmente estava cego" pensei. Mas logo depois descobri que quando pensei isso eu AINDA estava cego:

– Aldo, tenho uma coisa pra você...

– Mais?

– Aahahah... é – me disse, com cara de safadinha (putinha mesmo), me oferecendo a caixa parda misteriosa.

"Será que é um pau de borracaha?", pensei.

Abri e dei de cara com uma coleção de CDs do Miles Davis. De chorar. Ducaralho.

– Desculpa Cris, mas tô sem palavras. Por que isso?

– Eu que queria me desculpar pelo lance com a Jú. Sei que fui, em parte, responsável pela separação de vocês. Tive então a ideia de comprar esse presente. Mas preciso te falar mais uma coisa...

– Para, vou ter um A.V.C. Que "coisa"?

– Assim como me desculpei com você, vou me desculpar com a Jú, e daí pra frente vou parar de me sentir culpada. Quero que você saiba o quanto quero a sua amizade, aconteça o que acontecer, entendeu?

– Ah! Esses CDs são como aquelas bandeirinhas que times rivais trocam antes das batalhas em campo, não é? Você é foda... eu falo que você não existe. Quer deixar eu e a Ju na sua mão? Mas que planinho de Dick Vigarista!

– Gostou ou não?

– Adorei. Eu queria ser como você. Amigos, amigos, amores

à parte, certo? A partir de agora você está pronta pra atacar a Jú... saquei.

– Você fez parecer uma coisa ruim.

– E é ruim, Cris. Pelamordedeus... é ruim pracaralho! Mas mesmo assim curti os CDs e isso não vai nem arranhar nossa amizade. Sério. Se até agora não fodeu, nunca mais vai foder.

"Agora é oficial. Tô num puta dum buraco."

Voltei de madrugada à pé, de novo. E adorei. De novo.

Cheguei em casa, coloquei *All Things Must Pass* do George Harrisson no *repeat* do som.

"Um profeta, esse cara!", pensei.

Coloquei a caixa do Miles Davis no criado-mudo e, ao lado do despertador do Mickey, estava a caixa de comprimidos tarja-preta piscando pra mim. Uma voz sussurrou, "Toma tudo!". Respirei fundo e quase me caguei de medo por pensar nisso. Fui até a cozinha, tropecei no degrau, peguei um copo d'água. Tomei duas bolinhas. Voltei para o quarto, apaguei a luz, deitei na minha cama vazia e dormi por horas e horas, sem sonhar, como não fazia há muito tempo.

Autodiálogo IV – Prazer e culpa

– Ei, Cigarro! Vou fumar só mais você. Você vai ser meu último do dia.

– Precisa de mim, mesmo?

– Com certeza.

– Mas sou apenas fumaça pra saciar seu vício... não vale a pena, nem o tempo.

– Aí é que você, na sua ignorância sem vida, se engana. Você não faz ideia do que você significa.

– Tenho um significado?

– Opa.

– Qual meu significado, mestre?

– Sua ironia foi mal colocada, não pretendo ser mestre de um objeto. Mas já que me perguntou, para a minha verdade, queimar você é queimar um pouco de mim. Um pouco de meus pensamentos, tornando-os pura cinza. Só não jogarei estas cinzas no mar por que o mar fica longe demais daqui. Seria simbólico e bonito, até.

– Vai queimar pessoas?

– Não. Ego.

– É vingança?

– Apenas uma tentativa de tornar algumas ideias filosóficas aplicáveis em um momento de prazer físico. Questionável, condenável... até ridículo, e talvez, sim, uma vingança torta contra mim mesmo.

– Queimando o seu ego?

– Queimando meu ego pra ele me deixar em paz. A busca

pela paz atormenta. Estou queimando o caminho inevitável até a paz. Entendeu?

– Sou um cigarro...

– Queimo o ego e assim não passo pelo tormento em busca da paz. Apenas a esqueço. Aí, então, fico em paz por um tempinho.

– Você vai queimar a mim. Só isso. Queimar o ego é o cálice sagrado da psicologia, que eu saiba. Quer resumir isso a "fumar um cigarrinho"?

– Vou tirar a sua existência sem vida, que vai me tirar um pouco de vida, para obter um instante de vida. Não só o meu corpo é viciado. Minha mente também é. Será também a minha alma?

– De alma não entendo não. Serve *blend*?

– Serve *blend*, sim. O sabor do meu ego deve ser agri-doce, pendendo para o amargo. Já tive um sabor bem mais agradável, mas faz tempo.

– Vou queimar feliz! Eu tenho um significado! Que idiotice.

– Não importa. Chegou a sua hora.

– Antes, me explique: onde você pretendia chegar?

– Apenas convencer você, justamente você, um vassalo do ceifador, e a mim mesmo, de que a sua morte me trará vida.

– Eu, a serviço do bem da mente e do mal do corpo, ao mesmo tempo. Interessante.

– Ou talvez tudo isto seja apenas uma desculpa elaborada para eu te fumar sem culpa.

– Vou até o fim acreditando na primeira tese. Gostei.

– Este é um ponto importante nesta discussão. É fácil acreditar no que julgamos mais bonito, poético, coeso. Mesmo sabendo (ou achando) que pode ser um engodo besta. No final tudo vira cinzas ou vida. Nada ou tudo. Façamos agora a nossa escolha de credo. No momento, voto no nada.

– Fico com a primeira tese, definitivamente. Morrer por uma causa nobre. Morrer para trazer vida... eu, um cigarro. Bacana.

– Hoje eu mato você, mas um dia você me cobrará seu preço. Este é o problema.

– Um tipo de vingança minha?

– Simplesmente vida. Uma mandala... toma lá dá cá. Tudo girando em volta do centro, o ego. O universo. O inconsciente coletivo. Você intoxica o corpo. A mente. O mundo. A alma, será?

– Isso não me desqualifica. É só efeito colateral. Eu pelo menos tenho certeza de que alma, não tenho.

– Há quem diga o contrário, acredite. Sabe... pensando bem, não preciso de você hoje. Amanhã te queimo.

– Vou esperar então.

– Pensando melhor você vai pro lixo. Vou acabar com o seu objetivo. Só você – o resto do maço volta pro meu bolso.

– Não entendi. O que é isso? Pirou?

– Sei lá... um pouco de caos. Você vai pro lixo e assim não me cobra mais tarde. Vai pro lixo e tudo que eu disse vai junto. Mandala. Vida. Ego. Eu posso, eu faço. Lixo. Agora. Acabou. Vá.

– Ok. Fui pro lixo, mas mesmo assim te deixei feliz. Então, um dia eu te cobro isso de qualquer maneira. É o universo reciclável, não é? Como é mesmo o nome do troço? Ah sim! Mandala. Mandala! Ouviu?!

– Não, sou surdo.

Capítulo 14

O RELÓGIO DO MICKEY marcava 8h45. Acordei com saudade. Saudade de mim mesmo. Do tempo em que eu encarei meus medos e venci. Do tempo em que eu peguei a rotina à unha e mudei meu destino. Coloquei um vinil antigo *Fullfillingness' First Finale* do Stevie Wonder para rolar e a música *Smile Please*, que introduz o álbum, soou como nunca.

Eu estava péssimo.

Eu não acredito em predestinação. Que raio de pessoa pode estar predestinado a nada? A uma vida sem sal, inútil e sem sucesso? Não é possível! Era hora de recomeçar e não ia adiantar apenas trocar o disco para ouvir outra música. Eu precisava de mudança radical. Eu ainda saberia fazer isso bem, tenho certeza. Eu só precisava dar alguns telefonemas para recomeçar.

– Alô.

– Oi Jú.

– Oi Aldo, tudo bem?

– Quero falar com você hoje. Pode tomar café comigo?

– Ai, Aldo, não sei se dá... Tenho uma reunião agora de manhã.

– É importante.

– Você tem razão. Eu ia ligar pra você, mas não tive coragem.

– Te encontro na padaria do Emílio em uma hora, tá?

– Alô.

– Oi Júnior, beleza?

– Fala, meu. Cedo, hein? Caiu da cama?
– Caí. Preciso falar com você.
– Aconteceu alguma coisa? Quem morreu?
– Morreu minha autopiedade.
– Que?
– Nada. Depois te explico. Vamos bater um papo hoje? Você tem um tempinho?
– Claro. Onde?
– Pode ser no parque da Aclimação, em frente ao lago, perto do portão principal?
– No parque? Que coisa de bicha. Cara, às vezes você é estranho pra caralho, né? Que horas?
– Às 11h30, mais ou menos.
– Falô. Te vejo lá.

Eu tinha esse velho hábito. Sempre que eu precisava tomar uma decisão importante eu colocava um disco para tocar. Eu achava que isso me ajudava a escolher o caminho certo. Hoje, estava acontecendo de novo. Não é tão incrível assim pensar que uma música pode mudar uma vida, talvez seja até obvio. A música nunca foi passiva e muito menos razoável.

Os compositores nunca se responsabilizam pelas ideias que eles incutem em nossas cabeças. Talvez eles devessem.

Peguei o maço de cigarros ainda pela metade que estava em cima da TV, amassei e joguei no lixo.

– Fala, Seu Emílio!
– Ei, Aldinho, tudo bem? Faz tempo que você não aparece!
– Pois é.
– Vai querer um Marlboro?
– Não. Um café.
– Parou?
– Parei hoje.
– Garoto esperto.
– Oi, Aldo!
– Oi, Júlia, nem vi você chegar. Tudo bem?
– Oi, me atrasei. Tenho uma reunião daqui a pouco, não posso demorar. Pede um café com leite pra mim? – disse, friamente, sentando no banco do balcão.
– Seu Emílio, mais um, por favor, com leite. Júlia, vou direto ao assunto. Andei pensando na minha vida. Em tudo que passei, o que eu quero pro futuro. O que é importante e o que não é. Cheguei a uma conclusão. Se tem uma coisa que

eu quero mesmo nessa vida, com certeza, é ficar com você. Estou com medo de te perder pra sempre, e dessa vez não vou deixar isso acontecer sem tentar de tudo. Ou sem, ao menos, dizer isso claramente pra você como estou fazendo agora. Eu te amo.

– Aldo, acho que você é uma pessoa quase genial, mas o seu egocentrismo te deixa cego, surdo. Mudo nunca, né. Ahahahah

– Arárá nada. Lá vamos nós de novo rir da nossa própria merda?

– Grosso! O que eu quero dizer é que por mais que eu queira, minha vontade não é suficiente para nós dois. Além de egocêntrico, você é completamente refratário às minhas opiniões sobre você.

– Desculpe, não ouvi o que você disse.

Silêncio.

– Bricadeirinha... – falei, meio sem graça.

– Não teve graça.

– Tudo bem, pode falar.

– Cara, não dá pra viver com você por que não sobra espaço pra mim, entendeu? Eu me torno a namorada do Aldo e cadê a Júlia? Desapareceu. Não existe. Estamos juntos há tempo suficiente para você ser a pessoa que mais me conhece, mais me entende, mas o que é a realidade? Eu te digo. Você mal sabe quem eu sou.

– Eu sei sim. Você é alguém terrivelmente difícil de entender, confusa, que se comunica como um vaso e que tem mais nóias que Schopenhauer. Nem o sabor de uma pizza você consegue escolher num cardápio e, por isso, quando teve que escolher uma orientação sexual soltou um fio na cachola e se enfiou nas bolinhas de felicidade. Mas eu te amo, porra! É isso que importa!

– Seu idiota! Ouve o que você está falando! Estúpido!

– Júlia, não chora... Quando você chora eu paro de pensar coerentemente. Só consigo falar o que você quer ouvir. Vamos lá pra mesa da calçada... o seu Emílio já tá quase dando a opinião dele.

– Vou embora, tenho uma reunião.

– O que é mais importante, eu ou essa porra de reunião? Vamos sentar lá fora. Você me deve pelo menos isso. Só te peço isso.

– Tá bom vai, foda-se essa merda de reunião. Não tenho cabeça pra falar de *design*, agora.

– Seu Emílio, manda uma Coca-cola pra mim? Júlia, o que voce quer?

– Pede uma coca também pra mim.

– Diet?

– Não. Normal. Foda-se a dieta.

– Então... voltando...

– Seu idiota! Acha que eu não tenho sentimentos? Acha que eu não te amo, seu bosta? Eu fui atrás de você, te encontrei, fui praticamente morar na sua casa, aguentei suas grosserias, seu jeito adolescente, seus discos, sua filosofia torta, tudo. Tudo! E você? Fez o que? Tentou mudar de vida, ganhar mais dinheiro, planejar nosso futuro, falar de filhos, me mandar flores? Nãaaaaaaaaao... O máximo que fez foi um *menáge à trois* com a minha melhor amiga. Eu mereço mais de você, ou melhor, merecia. Agora tanto faz – gritou.

– Como assim, tanto faz? Eu preciso de você. Eu sou assim mesmo? Quero dizer, do jeito que você falou?

– Eu, eu, eu eu, eu... para de falar de você, Aldo. Fala de mim! Júlia, lembra? Será que você consegue? Só hoje? – ela disse isso chorando ao mesmo tempo que se levantava da mesa e pegava a sua bolsa que estava dependurada na cadeira.

– Senta ai, Júlia!

– Não, eu vou emb...

– Senta a bunda ai, porra!

Não sei por que, mas ela obedeceu. Acho que gritei também.

– Júlia, vê se me entende. Eu concordo que não te conheço, mas você também não me conhece. Minha cabeça é um turbilhão de pensamentos. Se você estivesse aqui dentro do meu cérebro, concluiria que sou a pessoa que mais te ama e jamais amará nessa vida.

– Ah, Aldo, não sei... será que você não está enganado? Eu acho que sim. Aliás, tenho certeza. Do contrário eu não teria sumido da sua vida sem aviso.

– Jú, vou tentar te explicar o que rola na minha mente. Vou fazer com toda a sinceridade do mundo. Você vai me ouvir com atenção?

– Mais de você mesmo?

– Não é isso. É que eu tenho um palpite de que vai servir para você também.

– Ok. Vamos nessa. Tenta.

– Eu sou o que sou por que a minha vida me fez assim. Tive escolhas e talvez eu tenha optado pelo caminho errado algumas vezes, mas não dá para voltar no tempo. Por onde eu começo... ? Bem... o melhor que uma pessoa pode ter para obter vitória em suas batalhas é a capacidade de enxergar os seus erros, concorda? Assim, pode se levantar, começar de novo e, dessa vez, não cometer as mesmas idiotices e fazer de novo e de novo até vencer. Certo?

– Concordo.

– Esse é o meu problema, talvez. Eu não enxergo. Acho que fiz tudo certo. Chego a pensar que o destino não me deixaria chegar ao alvo, por mais que eu trilhasse os caminhos certos, da maneira correta. Não faz sentido investir em algo fadado ao insucesso, pois seria apenas perda de tempo e desperdício de energia. Nosso relacionamento sempre foi assim pra mim. Algo tão bom que eu sempre soube que acabaria ruim. Eu sei que não mereço você.

– Ah, para vai... sério? Tá falando o que eu quero ouvir, né?

– Não. Escuta. Já pensei que isso pode ser mero acaso. Que talvez fosse apenas falta de sorte. Mas o que é a sorte, porra? É possível atrair essa puta de alguma maneira ou é uma coisa aleatória como uma roleta de cassino? Prefiro acreditar que existe um destino a ser cumprido e que se você não saca qual é e não se dedica a ele, será um azarado.

– Entendi... continua.

– O que sobrou foi o meu talento para escrever e para tocar guitarra. Pensei que talvez um dia eu pudesse usar ambos pra alguma coisa útil. Mas será que era meu destino? Qual era o meu maldito destino, afinal? Ser contador e herdar o escritório do meu pai? Como posso, em sã consciência, optar pela infelicidade? Como eu iria escolher o caminho fácil para subir a montanha se eu nunca enxerguei a montanha? Eu deveria ter escolhido ignorar você quando apareceu de novo na minha vida? Preferi encarar mesmo sabendo que eu ia me foder.

– Aldo, talvez a montanha não exista, sei lá. O que isso importa? É muita teoria tudo isso. A vida é mais prática. Toma lá, dá cá. O resto é viagem. Está dizendo que chegar ao topo é impossível?

– Não. Estou dizendo que é impossível pra pessoas como eu.

– Você parece que tem tesão na angústia, no caos.

– Caralho, Júlia! Claro que eu tenho! No caos eu sou rei, fora dele eu sou nada!

– Eu acho que a felicidade é relativa. É também superestimada.

– Sei. Isso é, se você é o mais rico e poderoso do seu timinho, da manada de medíocres, você pode ser feliz. Pra mim essa explicação para o conceito "felicidade" foi inventada por algum índio. Não cola. Porra, ou você mora numa aldeia isolada do mundo, ou sucesso pra você que é bem informado sempre será conquistar o mundo.

– É... pode ser. Mas pensando assim sua chance de ser feliz é perto de zero.

– Tomara que, depois dessa vida, realmente haja uma outra. Um lugar onde você possa bater papo com algum manda-chuva e perguntar: "– Tava tirando um sarro da minha cara ou rola um *Big Brother* celestial lá na terra? Eu tava no inferno? Vai chegar minha vez de subir no lugar mais alto do pódio? Eu vou voltar? Cadê a montanha?!"

– Ahahahaha. Você é foda. Me faz rir o tempo todo...

– Jú, existe uma crença, na qual meu pai tem fé. A de que existe uma predestinação. Assim que você nasce a sua história já está toda escrita. Quando ele me disse isso, eu pensei, "Fodeu!", não há o que eu possa fazer, sou uma marionete. Tentei, então, não acreditar naquilo e torcer pra que meu pai estivesse completamente equivocado. Porém, isso vem sempre nos meus pensamentos quando acontece algo errado. Nessa hora, eu viro um cristão instantaneamente e rezo, rezo pra que meu pai esteja errado.

– Sei. Acreditar em Deus é bacana por que você pode culpar ele por tudo, né, Aldo. Eu te entendo. Mas você acha que tudo é mais difícil pra você. Você é só um cara que pensa muito, só isso. Mas as suas dificuldades são as mesmas de todo mundo. Põe isso na sua cabeça.

– Viu? Você é demais. Eu te amo muito. Vamos nos casar?

– Você é maluco mesmo. Putamerda.

– Isso não é novidade, mas não muda o que eu sinto.

– Você não sabe o que está falando.

– É a coisa mais séria que falei em toda a minha vida.

– Ai, Aldo, para de brincadeira com coisa séria, vai.

– Você sabe que estou sendo sincero. Quero me casar com você. E você? Nunca sei o que você pensa. Não tem coragem de dizer "não"? Se você não quer, tire essas correntes do meu coração de uma vez por todas. Me deixe livre então, merda! Eu não aguento mais!

– Aldo, eu te amo também, mas agora é tarde demais pra eu lutar contra a minha natureza. Isso acabaria comigo. Não basta eu te amar. Eu preciso me respeitar pra ser feliz – disse, começando a chorar de novo. – Não é um momento bom pra uma decisão dessas. Você tem cada ideia. Por que você não disse isso antes? Agora é tarde. Fora da realidade. Que drama, pô. Não aguento mais chorar, merda... para com isso!

– Júlia, se é assim, se você me ama mesmo, não me procure mais, então. Me dê a chance de encontrar alguém que me entenda. Suma pra sempre, por favor.

– Aldo, eu sumi, mas você me chamou aqui. Eu não aguento mais isso!

– É, eu sei. É isso que você quer mesmo? Você quer ficar com a Cris? Então vai. Faz as coisas darem certo pra você. Boa sorte. Pau no cu! Bem... isso vai ser difícil de acontecer.... heheheheh. Quero dizer, o pau no cu, entendeu?

Sem responder, ela me abraçou rindo e chorando ao mesmo tempo.

– Tchau, Aldo – disse chorando. – Você é o melhor cara do mundo, sério. Mas viver à sua sombra é impossível pra mim. Estou aprendendo a escolher a pizza no cardápio. Você é muito condimentado pro meu paladar delicado. Mas eu nunca vou esquecer você. É isso que me mata – me deu um beijo demorado na boca, outro abraço apertado e saiu correndo, limpando a maquiagem borrada dos olhos com as costas da mão.

Fiquei com muita vontade de gritar "Ah, sim! Esqueci de dizer que eu e a Cris transamos ontem!". Mas me calei. Não sou assim...

– Seu Emílio, me dá um Marlboro e fecha a conta?

– Ué, achei que você tivesse parado de fumar. Nem tão garoto, nem tão esperto. Caixa ou maço?

– Parei, mas voltei agora. Caixa. Na próxima tentativa compro uns chicles de nicotina.

– Que merda. Aldinho, toma jeito!

– Até mais, Seu Emílio.

Sai caminhando rumo ao parque completamente desligado. Um caminhão quase passou em cima de mim quando fui atravessar a rua. Escapei por pouco. O susto me acordou e me fez pensar que aquele papo com a Júlia ainda era melhor do que estar morto. Minha vida estava renascendo e esse parto ia doer pacas, mas não podia me matar.

– Fala, meu! Tudo em ordem?

– Tudo.

– Legal esse parque. Fazia anos que eu não vinha aqui. O que você tem de tão importante pra me falar? Para de viadagem e desembucha, cara. Já tô ficando preocupado.

– Então... Vendi meu carro e estou a fim de sair da agência. Nem fui trabalhar hoje. Mas, antes disso, queria ver se você topa uma parada.

– Que parada? O que seu carro e seu emprego têm a ver? Vai virar traficante? Ahahaha.

– Seguinte. Tenho uma graninha guardada, mais o valor do carro, mais o valor de venda de uma ou duas das minhas guitarras, mais o acordo com a agência. Isso dá uns trinta mil dólares. Pensei em montar um selo fonográfico.

– Quê? Tá falando sério?

– Tô. Acho que nosso conhecimento a respeito de música pode, afinal, fazer alguma grana além do prazer. Tô a fim de arriscar. Que acha disso?

– Aldo, você é meio doido. Olha lá que isso é sério pra danar, hein, ô nenê da mamãe!

– Cara, por favor... acabei de falar com a Júlia e ouvi mais do que eu queria.

– Eu te avisei que ela era maluca uns quinze anos atrás. Larga de ser idiota e desencana. Semana que vem você tá comendo outra gostosa.

– Ahahaha! Júnior, você é um Buda!

– Cara, esquece. Mulher é foda. Nunca vamos entender a cabecinha delas. Voltando no papo do selo... Esse é o MEU sonho, você sabe. Nem fodendo que eu ia deixar você roubar ele de mim. Loucura total, né, mas tô dentro, claro. Só precisamos acertar os detalhes. Vários, aliás.

– Pensei também em falar com o Seu Túlio. Faz tempo que ele saiu dessa, mas ainda tem contatos e manja muito do ramo.

– Perfeito! Boa ideia! Quando começamos?

– O planejamento começa agora mesmo. Mas, a direção artística será minha, beleza?

– Exigência, já? Vai tomar no cu! A grana que você vai botar é uma merreca, quanto tempo acha que um negócio desses vai demorar pra dar retorno? Isso se der... No fim, eu é que vou bancar, porra!

– Verdade. A gente vê depois então como faremos.

– Me dá um trago – disse, tirando o cigarro da minha boca num gesto rápido. – Te falei que a Jú gostava de mulher, sua besta! Ahahahahah. Tá vendo? Você cheio de filosofia e não enxerga o mais óbvio. Todo mundo sabia disso! Todo mundo te avisou! Agora fica aí com essa cara de palerma.

Silêncio de um minuto (com cara de palerma).

– Que merda, cara. Que buceta! Será que dá tempo ainda de eu mudar meu jeito?

– Mudar o que, meu velho? Você é “o” cara, *brother*. Um puta guitarrista, compositor fudido. Que mais você quer? Tem gente que passa a vida sem fazer nada muito bem e tá ai, na boa. Acorda, trouxa!

– É... você tem razão, como sempre.

– Eu também sou “o” cara! Ó, semana que vem tem ensaio, hein! Não vai se matar antes! Ahahahaha. Esse nosso selo vai detonar! Detonar! Se prepara aí, ô, filósofo!

Falando isso ele me deu um tapa na cabeça, um soquinho no ombro e foi embora cantando *It's a long way to the top if you wanna rock'n'roll....*

Fiquei olhando o lago e pensando, enquanto esperava o tempo passar.

A vida nunca será completa. Ela é feita de nuances, altos e baixos com os quais temos de lidar. Isso é óbvio, mas nunca levei muito a sério. O fato é que entender, aceitar e sempre lembrar disso se mostra como a chave que abre a caixinha da felicidade.

Hoje, me deparei com mais uma bifurcação na escalada, só que, pela primeira vez, eu enxerguei claramente, além dos caminhos, a montanha. E ela era eu.

Um pato, de repente, bateu as asas e subiu no ar, cada vez mais alto, até desaparecer.

Incrível. Apesar de sempre saber que patos voam, eu nunca tinha visto um voando.

Este livro foi impresso em papel pólen bold na IBEP Gráfica em novembro de 2010.